ネイティヴ・スピーカーの
脳&耳になる！

KASAHARA'S
QUICK ENGLISH

バートランゲージスクール 校長
笠原禎一

英語高速メソッド®

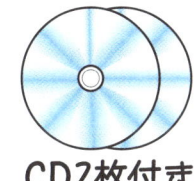
CD2枚付き

新星出版社

はじめに

「TOEIC® TESTで、高得点を獲得したい！」「英会話が、ペラペラになりたい！」「映画を字幕なしでわかるようになりたい！」そんなあなたのために、私は、本書を企画・執筆しました。私の長年の英語教育経験から考え出された「新笠原メソッド」（速く聞き取るメソッド＋速く理解するメソッド）により、英会話力を飛躍的に高め、初めてでもTOEIC® TESTで高得点獲得が狙えるように工夫されています！

本書では、英語を1文ごとに訳していく従来の訳とは異なる、「笠原訳」という英語のセグメントごとに英語の中に訳を挿入していくという新しい訳を用いて、英語を英語の語順で理解することを可能にしています。

また、「笠原訳」で英語を理解したら、その「生の英語」から、英語の語順、発音、新しいvocabularyなどを「まるごと」皆さんの頭の中にインプットしていきます。そのために、通常の英語のおよそ1.8倍から2.2倍のスピードで再生された高速の英語を聴くという、新しく開発されたハイスピードリスニングを用いています。

この速く理解するメソッドと速く聞き取るメソッドをあわせ持った「新笠原メソッド」で、あなたも短期間で、飛躍的に英語力を高めていくことが出来るでしょう。

このメソッドは、私自身の長年の英語教育の経験や海外での学習経験をもとに考案したもので、2002年に、オーストラリアで特許を取得しており、日本、アメリカ、カナダなどでも特許申請中です。また、「笠原訳」そのものの原理と実践は1997年に新星出版社より出版された私の著書の「笠原メソッド」の中で紹介されています。

また、実践編に収録した各Chapter1～9のストーリーリスニングには、英会話・実用英語の必須の英文法、構文、ボキャブラリーなどの重要ポイントを楽しく、スピーディーにマスターするために、魅力的なストーリーを考えました。

本書のLesson10～12では、TOEIC® TEST対策をはじめ海外旅行やビジネスにも役に立つ場面ごとに臨場感のある英会話を「新笠原メソッド」とともに収録しています。

このような特別なメソッドによって書かれた本書によって、皆さんが、英語力を飛躍的に高め、目標を達成していく一助に成れれば、私にとって、このうえない喜びです。

バーランゲージスクール®　　校長　笠原　禎一　MBA

はじめに……3
本書とCDの使い方……8

PART1
新笠原メソッド セオリー編 ⓫

新笠原メソッドとは……12
「新笠原メソッド」の概略……14

Chapter1　笠原訳……16
【1】英語の語順（ストラクチャー）をしっかりと身につけることが英語の上達には欠かせない！……16
【2】構文重視の英語と助詞「て・に・を・は・が・か」重視の日本語……17
【3】「笠原訳」の考え方……20
【4】「笠原訳」の基本ルール　その「タイミング」と「訳し方」……21
【5】「笠原訳」のつけ方……28

（1）基本5文型に沿った、「笠原訳」の実践……28
　　第1文型…28　第2文型…29　第3文型…30　第4文型…31　第5文型…32
（2）形容詞句・副詞句・関係詞節を使った、後から情報をつけ足していく方法……33
（3）動詞句、イディオムなど熟語的表現がある場合の「笠原訳」……34
（4）複雑なセンテンスの「笠原訳」……36

Chapter2　高速リスニング──5-Step-Listening……40
【1】英語を瞬時に思い出して使えるように身につける！……40

【2】高速リスニングで、あなたの集中力と記憶力を高め、「英語の瞬発力」を飛躍的に高めよう！……40
【3】5-Step-Listeningで、効率よく超高速リスニングを実現！……45
【4】高速リスニング──5-Step-Listeningとは？……46

Chapter3　創造的スピーキング力養成法……50

【1】文頭の大切さ……50
【2】「核心」部分を先に言っておく英語の性格……52
【3】文頭を覚えるとは？……53
【4】核心となるS+Vを先に言ってから、うまくつけ足していくテクニック……55
【5】核心から自由に広げていくスピーキング法……56
【6】核心の後のつけ足しは、5W1H方式で！……58

Chapter4　発音習得法……60

【1】発音上達法……60
【2】発音習得法①　子音の発音 "Don't add extra vowels"……60
【3】発音習得法②　アクセントは伸ばす！……61
【4】通じるWHの発音……63
【5】Magic E……63

PART2
ハンズ オン トレーニング編　65

Lesson1　日常生活でよく使われる動詞・動詞句……67

1　ストーリーリスニング……68
2　覚えて使おう……72
　　日常生活の重要動詞……72　Socializing（社交場の）重要語句……73

Lesson2　時制を征服……75

1　ストーリーリスニング……76
2　スピーキングレッスン……77
　【1】現在形と現在進行形を使ったスピーキング……77
　【2】「〜そう」「〜ようだ」感覚・知覚動詞のスピーキング……78
　【3】過去形のスピーキング……79
　【4】未来形のスピーキング……80

- 【5】neverの現在形と現在完了形の違いを区別したスピーキング……81
- 【6】used to＋動詞の原型「（かつては）よく〜したものだ」と過去形との違いを理解したスピーキング……81
- 【7】used toとbe used to：形にごまかされず、しっかりと区別してスピーキング……82
- 【8】現在完了形のスピーキング……83

Lesson3　自己紹介 〜印象的な出会いのために！〜……85

- 1　ストーリーリスニング……86
- 2　スピーキングレッスン……88
  - 【1】自己紹介とあいさつの表現……88
  - 【2】前に聞いたことを忘れてしまったとき、聞き取れなかったときの聞き直しの仕方……91

Lesson4　パーソナリティー形容詞……93

- 1　ストーリーリスニング……94
- 2　スピーキングレッスン……96
  - 【1】パーソナリティーのたずね方・表現方法……96
  - 【2】パーソナリティー形容詞ベスト30……98

Lesson5　コンディショナル表現（仮定法）……99

- 1　ストーリーリスニング……100
- 2　スピーキングレッスン……102

Lesson6　フィーリング表現……105

- 1　ストーリーリスニング……106
- 2　スピーキングレッスン……107
  - 【1】フィーリングストラクチャー（フィーリング表現の構文）……107
  - 【2】フィーリング形容詞……109

Lesson7　間接疑問文……113

- 1　ストーリーリスニング……114
- 2　スピーキングレッスン……116

Lesson8　関係詞……119

- 1　ストーリーリスニング……120
- 2　スピーキングレッスン……123
  - 関係代名詞……123

who/that（Subject）を使って…124　which/that（Subject）を使って…124　whom/that（Object）を使って…125　which/that（Object）を使って…125　whose を使って…125　what を使って…126　why を使って…126

Lesson9　不定詞・動名詞・過去分詞……127
　　1　ストーリーリスニング ……………………………………………………… 128
　　2　スピーキングレッスン ……………………………………………………… 132

Lesson10　テレフォン カンバセーション……137
　　1　ストーリーリスニング ……………………………………………………… 138
　　2　スピーキングレッスン ……………………………………………………… 147
　　　電話英会話の必須表現……147

Lesson11　レストランでの会話……153
　　1　ストーリーリスニング ……………………………………………………… 154
　　　【1】リクエスト・オファー表現　●レストランで…154　●ファストフードレストランで…161
　　　【2】クレームのつけ方　●レストランで…162
　　2　スピーキングレッスン ……………………………………………………… 165
　　　【1】注文をとる表現……165
　　　【2】オファー表現……165
　　　【3】リクエスト表現：頼むときの言い方……166
　　　【4】「ファストフードレストラン」や「タクシー」で使うシンプルなリクエスト表現……167
　　　【5】リクエストに対する丁寧な受け答え……168
　　　　クレームの言い方をマスター……169

Lesson12　旅行に役立つ、ホテルとショッピングの会話……171
　　1　ストーリーリスニング ……………………………………………………… 172
　　　●ショッピング……172　●旅行……176
　　2　スピーキングレッスン ……………………………………………………… 182

コラム
「新笠原メソッド」素朴な疑問Q&A①……74
「新笠原メソッド」素朴な疑問Q&A②……84
知っておくと役立つ、goとtoの関係！……118
知っておくと役立つ、willとbe going toの使い分け……136
"Excuse me."「あの、ちょっとすみません」は、注意をひく表現……152

本書とCDの使い方

本書の構成

　本書は、PART 1「新笠原メソッド セオリー編」とPART2「ハンズ オン トレーニング編」の2つのパートと付属のCD（2枚）で構成されています。

PART 1
「新笠原メソッド セオリー編」

　「新笠原メソッド セオリー編」では、新笠原メソッドの重要な2つの柱「笠原訳」と「高速リスニング─5-Step-Listening」を中心に、その理論を解説しています。「英語の語順のセンス」を身につけ、さらに、いつでもどこでも英語を使いこなせる「英語の瞬発力」が発揮できる力を養成する「新笠原メソッド」の考え方と実践方法を身につけていきます。

PART 2
「ハンズ オン トレーニング編」

　PART 1「新笠原メソッド セオリー編」で学習した理論の実践編です。Lesson 1 からLesson 12まで、それぞれの学習テーマに沿った1ストーリーリスニングと2スピーキングレッスンで、「英語の語順のセンス」と「英語の瞬発力」を身につけましょう。
　1ストーリーリスニングのストーリーには、日常的に使うボキャブラリーやフレーズなどもたくさんちりばめられています。使いこなせるように覚えることで、英語表現の幅が広がります。
　2スピーキングレッスンでは、ストーリーリスニングで学習したプラスαの内容を、復習を兼ねて、スピーキング練習します。まず言いたい内容があって、それをどうやって瞬時に英語の語順にするのかがわかるよう、日本語→英語の順で示しています。

本書の特色

①「英語の語順のセンス」が身につく！

　英語と日本語の大きな違いは、ずばり語順です。長い間英語を学習していても、なかなかスムーズに会話ができないという人は、実は、英語の語順がわからないために、言い出しの言葉が出ない、言いたい内容が続けられないという問題が発生しているのです。

　本書で紹介する「笠原訳」は、英語のセグメントごとに「英語→日本語」「英語→日本語」というように、英文の中に日本語が挿入されていますので、日本語を利用しながら英語の語順で英語を理解することが可能な訳なのです。

②「英語の瞬発力」が身につく！

　①で紹介した「笠原訳」で、「英語の語順のセンス」を身につける訓練をすると、ネイティブ・イングリッシュ・スピーカーと同じように英語を使う感覚が自然と身についてきます。

　しかし、単に、「英語の語順を使うセンス」だけが身についたとしても、必要なときに、口をついてとっさに言葉が出てこなければ、本当に英語を使う力が身についたとは言えません。

　そこで、「笠原訳」を効果的に活用した「高速リスニンク―5-Step-Listening」（付属の2枚組みCD）を聴くことで、「英語の瞬発力」を養成していきます。

　「高速リスニング―5-Step-Listening」とは、リスニング力をつけたい、そして流暢に英語を話したい、という人の夢を叶える画期的な学習法なのです。

CDの使い方

本書には2枚のCDがついています。本書の中で、CDマークのついているところが付属CDに収録されています。

CDが1枚目か2枚目かを示しています。

トラック番号を示しています。

▶ CDの効果的な使い方

実際に英語を使う場面では、英語の原稿を見ながら英語を話す、聴くということは、ほとんどないでしょう。

本書付属の2枚組みCDは、CDを聴くだけでも、効果的な学習ができるように編集されています。リスニング力を高め、「英語の瞬発力」を身につけることに主眼を置き、まずは、なるべくCDだけを聴いて、理解できるように練習してみてください。

もちろん、聴き取れないところやわからないところ、訳の確認をしたいところなどは、本書の該当ページを開いて確認し、理解を深めてください。

カバー・本文デザイン／川原田良一　本文イラスト／宮澤ナツ
CDナレーター／Stacie Kohut、Marlene Mullowney、Patrick Robinson、外所優子
CD作成協力／株式会社アドメディア
CDレコーディングスタジオ／株式会社ベストメディア

PART 1
新笠原メソッド
セオリー編

新 笠原メソッドとは

　インターネット、多彩な国際交流、外資系企業の日本進出等々、私たち日本人が、英語に触れる機会、使う機会は、日に日に増えています。また近年、小さな子どものうちから始める英会話教育「キッズ・イングリッシュ」なども大変なブームとなっています。

　しかし、この傾向は日本だけではありません。日本以外の世界の人々を見ても、英語学習熱は、相当なものです。私は、今まで、外国語学校経営とあわせて、数々の留学プログラムを扱い、現在も"Hawaii Pacific University"などの日本代表として様々な留学生と接する機会がありますが、留学生の国籍は、日本以外でも、スイス、ドイツ、オランダ、ブラジル、イタリア、スペイン、韓国、タイ、中国など、様々な国から、たくさんの生徒が学んでいます。それぞれ違う国から来た生徒たちは皆、英語を学ぶのと同時に、英語を共通語としてお互いに、コミュニケーションを取り合っています。

　このような留学生たちや私の主宰するバートランゲージスクール®の生徒さんたちは、たとえ試験対策が目的で英語を学習されている方でも、「英語の試験を受けることは、1つの通過点にすぎない」と言います。何より、ひとり一人から、「この人は、英語が好きなんだな」と素直に感じることがとても多いものです。皆、結局は、「ネイティブ・スピーカーのように英語が流暢に話せるようになりたい」、「英語を自由自在に操ってみたい」というところに行きつくようです。

　私の考案した「笠原メソッド」は、私の主宰する英会話学校や『620点突破 今日からはじめるTOEIC® TEST』（1997年、新星出版社）などでご紹介した、「日本語をうまく使い、英語を英語の語順で考える能力を身につける」ための実践的な学習法です。

PART 1
新笠原メソッド　セオリー編

　このメソッドは、まさに「英語を流暢に話したい」、「TOEIC® TESTで高得点を取りたい！」人のために考えた英語習得法ですが、本書でご紹介する「新笠原メソッド」は、この「笠原メソッド」に5段階の「高速リスニング法」を組み合わせた、「英語を自由自在に操る能力を身につける」ための進化したメソッドです。このメソッドは、既にオーストラリアで特許として認定され、日本、アメリカ、カナダなどでも特許申請済です。
　それでは、まず簡単に、この「新笠原メソッド」をご説明しましょう。

「新笠原メソッド」の概略

　「新笠原メソッド」は、英語を「日本語を介さずに英語のまま自由自在に操る」能力を身につけ、さらに、そうして身につけた英語力と英語を使うスピードを飛躍的に高めるメソッドです。このメソッドは、二つの大きな柱から成り立っています。詳しくは、16ページ以降で解説していきますが、ここでは、軽く説明していきましょう。

　まず、ひとつめは、従来の「笠原メソッド」にあたる考え方で、英語を英語の語順のまま理解し、話せるようになるための学習法です。英語の語順のまま理解するために以下のような「笠原訳」という日本語訳を使います。

I'd like to give 私は差し上げたい **her** 彼女に **a present** プレゼントを **that will make** そしてそれはするでしょう **her** 彼女を **happy.** 幸せに ／

　この「笠原訳」という英語を英語の語順で理解するための日本語訳は、英語を前に戻らないで解釈する、つまり、日本語の順番に並び替えないで理解するために必要不可欠な日本語訳です。「新笠原メソッド」で英語を学習するうえで、「笠原訳」をマスターすることが、基礎となります。

　次に、2つめの柱は、5段階の「高速リスニング」です。このリスニング法は、英文および英文に「笠原訳」を挿入したものを、「通常のスピード」と「通常の約2倍の高速スピード」を組み合わせてリスニングをします。この「高速リスニング」が、「新笠原メソッド」の新しい考え方です。

　「高速リスニング—5-Step-Listening」を実践することによって、「理論的にわかっている」というレベルをはるかに超える「英語の瞬発力」が身についていきます。つまり、英語を「日本語を介さずに自由自在に読み・書き・聞き・話す」ための実践

力がついていくのです。
　この「新笠原メソッド」の英語上達のステップを段階別にわかりやすくチャートで表すと、次のようになります。

新笠原メソッドの英語上達チャート

英語を日本語に訳して考えてしまう。
⬇
英語を英語の語順で考える…「笠原訳」という英語を英語で考えるためのツールを使う。
⬇
「新笠原メソッド」
＝「笠原訳」＋「高速リスニング（5-Step-Listening）」でトレーニング
…英語をネイティヴ・イングリッシュ・スピーカーのように「自由自在に操る力」、「英語の瞬発力」が身につく。

　このように「新笠原メソッド」は、英語を英語の語順で理解すること、ネイティヴ・イングリッシュ・スピーカーのように英語を自由自在に操ることを可能にします。このメソッドで学ぶことによって、一人でも多くの方が、「英語を自由自在に操っている自分」に出会えるように期待しております。
　それでは、「新笠原メソッド」の内容を詳しく説明していきましょう。

Chapter 1 笠原訳

【1】英語の語順（ストラクチャー）をしっかりと身につけることが英語の上達には欠かせない！

　ただ漠然と「**英語が流暢に話せたらいいなあ**」と思っている方も「**けっこうがんばっているんだけれどなかなか上達しない**」という方も、まず、英語を話せない、英語は難しいと感じる理由を考えてみましょう。

　私は、英語がなかなか話せるようにならない、上達しないという人には、主に2パターンの人がいると考えています。

　ひとつめのパターンは、英語を話すまでに、ずいぶんと時間がかかってしまう人です。英語を話し出すとそれなりに、ゆっくりとですが、正確な文法で英語を話す人が多いというのが特徴です。一方、2つめのパターンは、ある程度流暢には話せてもネイティヴ・イングリッシュ・スピーカーの言うことが50％位しか理解できていない人、あるいは相手の話す意味を取り違ってしまう人です。

　「**あ、自分のことでは？**」と思っている人も多いのではないでしょうか？ この2つのパターンの人たちは、レベルも抱えている問題も一見違うように見えますが、実際の問題点は、実は、大変共通しているのです！　この人たちの共通の問題点は、程度の差こそあれ、「**英語の語順**がしっかりと身についていない」ということです。

　まず、英語を話すまでに、ずいぶんと時間がかかってしまう人の問題点を考えてみたいと思います。この人たちは、話す前に頭の中で日本語の文章を単語ごとに英語に直して、それから**英語の語順**に置き換えています。そのために、話し始めるまでに大変な時間と労力が必要になるのです。英語の語順が身についていたらどうでしょう。すんなりと話し始められるはずです。

　次に、ある程度流暢には話せてもネイティヴ・イングリッシュ・スピーカーの言うことが50％位しか理解できていない人、あるいは相手の話す意味を取り違ってしまう人の問題点を考えてみましょう。この人たちは、英語のストラクチャーで意味を把握しようとするのではなく、意味のわかる単語をつなぎ合わせて意味を想像しています。そのため、相手の言うことを理解できなかったり、意味を取り違えてしまったりするのです。想像はあくまでも想像で、いつも正確であるはずはありません。それでも、お互いに共通の話題について話しているときは、それなりに何とか通じています。しかし、それは、共通の目標、土俵があるからで、

当然、想像が当たる確率も上がります。よく、日本人のビジネスマンの方で、**「仕事中は何とか意思疎通できているようなんだけど、仕事以外のランチやディナーでの会話になると、さっぱりうまくいかない」**という人も実は同じ問題を抱えていると言えます。この人たちも、単語やイディオムに頼るのではなく、**英語の語順（ストラクチャー）**で、意味を捉えることができるように意識し、実行することで、ぐっと英語を自由に操る力がついてきます。

さて、皆さんは、ご自身の英語が上達しない理由を、上記の2パターンに見ることが出来たでしょうか。自分の問題点は、**単語やイディオム、決まり文句などをたくさん覚えられないから**だ、あるいは、**文法が難しいから英語は難しい**、という方も多いのではないかと思います。

確かに、単語を知らなければ、ひと言めから何も話せませんし、相手の言っている意味を理解することは出来ません。しかし、単語をいくら覚えても、単語だけで英語を話したり書いたり読んだりすることは出来ません。同様に、たとえ文法を理解したとしても、それだけでは、実際にスムーズに英語でコミュニケーションをとることは出来ません。

私がここで強調したいのは、単語や文法を知識として知っていても、それを使いこなす「**作法**」を知らなければ、決して英語を話せるようにはならないし、上達もしない、ということなのです。私は、「英語を話せない」、「英語が難しい」ことの一番大きな原因は、英語と日本語の語順がまるっきり違うことにあるのではないか、と考えます。逆に言えば、**英語の語順**を身につけることが出来れば、「英語は、そんなに難しくない」ことになり、**英語を自由に使いこなす**ことが出来るようになるのです。

それでは、具体的に**英語の語順**（ストラクチャー）のセンスを身につける方法を説明していきましょう。

【2】構文重視の英語と助詞「て・に・を・は・が・か」重視の日本語

まず、問題です。This is your pen. を疑問文にしてみてください。当然、Is this your pen? となりますね。動詞の"is"のポジションを変えると疑問文になるわけです。

平叙文 This is your pen.

語順が変わると、意味も変わる！

疑問文 Is this your pen ?

このように英語は、語順が変わると、単語の数が増えなくても意味が変わります。それでは、次の例文を見てください。

Last week, Kelly and I went to the restaurant where we used to go in our university days.

　この文の語順をばらばらに入れ替えてみます。ためしに、この文の日本語訳「**先週、ケリーと私は、私たちが大学時代によく行ったレストランに行った**」と同じ並びで単語を入れ替えてみましょう。

Last week, Kelly and I we in our university days used to go the restaurant went.

　？？？この英語では、通じないどころか、何を言いたいのかもわかりません。どうして、英語ではこのようになってしまうのでしょうか？
　英語では、その単語の順番がその単語の役割を決めているので、語順を変えてしまうと、意味が成り立たない文になってしまったり、違った意味の文になってしまったりすることが多いのです。
　これらのことから、英語は、語順が変わると意味が変わってしまうことがわかります。簡単に言えば、これが、「**英語は語順が大切**」ということなのです。
　一方、日本語はどうでしょうか。「**これはあなたのペンです**」を疑問文にすると、「**これはあなたのペンですか**」となりますね。

平叙文　これはあなたのペンです。

　　　　　　　　　　　　　　平叙文に「か」という助詞
　　　　　　　　　　　　　　がつくと疑問文になる！

疑問文　これはあなたのペンです か 。

　すべてではありませんが、日本語では、平叙文に、「か」という終助詞をつけることによって、疑問文にすることが出来ます。
　それでは、日本語も英語と同じように語順を変えると英語と同じように意味が変わってしまうでしょうか。たとえば、「**私は彼にプレゼントを渡した**」という文で考えてみましょう。

私は　彼に　プレゼントを　渡した
私は　渡した　プレゼントを　彼に
彼に　プレゼントを　渡した　私は
プレゼントを　私は　渡した　彼に

　いかがでしょうか。日本語の場合は、語順が違っても理解するには、問題ありませんね。なぜ、日本語は、話す順番を変えても意味が変わらず、通じるのかというと、「**助詞**」があるからです。助詞、「て、に、を、は、が、か…」などが、文中での単語の役割をしっかりと表しているので、文節ごとに語順を変えても、意味を取るうえで、ほとんど支障がありません。つまり、日本語では、助詞の役割が大きいことがわかります。

　ここで、重要なことは、英語には、日本語のような助詞が存在しないということです。前置詞がそうであるという人がいますが、時や場所を表したり、動詞などとくっついて熟語を形成したりするのが前置詞の主な役割ですので、日本語の助詞のように、単語の順番を入れ替えても同じ意味を通じさせることのできるような働きはありません。それゆえ、**英語は構文重視の言語**と言えるのです。

　ところで、先ほどの例文に「**笠原訳**」をつけたものを見てください。細かいことは気にせずに、そのまま読み進めてください。

Last week, 先週に **Kelly and I went** ケリーと私は行きました **to the restaurant** そのレストランに **where** そして、そこには **we used to go** 私達はよく行きました **in our university days.** 私達の大学時代に

　このような日本語訳、日本語としては、少し不自然かもしれませんが、これでも意味は、理解できると思います（「先週に」とはあまり言いませんが、「**笠原訳**」では、あえて助詞をつけています）。ネイティヴ・イングリッシュ・スピーカーは、この順序で考えて、英語を話しているわけですから、私たち日本人もこの英語の語順のまま、意味を理解したり、話したり、聴いたりすることが出来れば、「**英語を自由自在に操る**」基礎ができます。

　「**笠原訳**」は、このような考え方から生まれました。日本語の**助詞**、「て、に、を、は、が、か」**の働き**を利用して、構文重視の英語を**英語の語順**で理解しようとする方法なのです。

【3】「笠原訳」の考え方

　日本人が英語を学ぶときに、「**笠原訳**」（日本語にある助詞の機能）を使って、英語をマスターしていくことが大変有効であるとご理解いただけたのではないかと思います。
　ところで、「**笠原訳**」は、英文に日本語訳を挿入していきますが、その目的は、ネイティブ・スピーカーと同じように、英語を**英語の順番**で理解し、使うようになることです。そのためには、どこで英語を区切り、「**笠原訳**」を挿入すればよいのか、ということが、重要になってきます。
　具体例をあげて、ご説明します。

Ex 1) He gave me a present.

○　**He gave** 彼はくれました **me** 私に **a present.** プレゼントを／

×　**He gave me** 彼は私にくれました **a present.** プレゼントを／

「×」の区切り方、訳し方の問題点は、英文が、He⇒gave⇒meの順であるのに、彼は から 私に といった後で、動詞である くれました に戻っていることです。この例のような短い文ならば、戻っていることへの弊害を感じることはあまりないかもしれません。もう少し長い英文で考えてみましょう。

Ex 2) Local governments get money from local property taxes in the US.

×　**Local governments get money** 地方自治体はお金を得ます **from local property taxes** 地方財産税から **in the US.** 合衆国では／

　1番目の区切りの中で、地方自治体は（主語）⇒ お金を（目的語）⇒ 得ます（動詞）と戻っています。正しい「**笠原訳**」では、Local governments get, money, from local property taxes, in the US.で区切り、以下のように訳します。

○　**Local governments get** 地方自治体は得ます **money** お金を **from local property taxes** 地方財産税から **in the US.** 合衆国では／

　英語を**英語の語順**で理解していこうとするとき、多くの学習者が、**主語＋動詞**

とそのすぐ後に来る**目的語**を一緒にして意味を捉えていることが大変多く、また、something to drinkのような場合、「**笠原訳**」では、**something 何か to drink 飲むための** と訳しますが、後から来る修飾語句が短いからといって、「飲むためのもの」と**修飾語句**と**名詞**を一緒に訳してしまう、といったこともとても多いものです。

この2つの区切り方・訳し方の違いは、英語をリスニングしていく上では、ほんの一瞬です。しかし、日本語の語順で言葉を並べかえることによって、私たちの脳は、英語の思考から、日本語の思考に引きずり戻されてしまいます。

「**笠原訳**」では、そのようなことが起こることのないように、訳をつける際の明確なルールが決められています。これによって、皆さんはどんな英文でも、**一定のルールにのっとって訳をつけていく**だけで、英語の語順で理解していくことが出来ます。

繰り返しになりますが、「**新笠原メソッド**」では、最終的に「ネイティヴ・イングリッシュ・スピーカーと同じように読み・書き・聞き・話す能力を身につけること」すなわち、「**英語を英語で理解する能力を身につける**」ことを最終的な目標としています。ネイティヴ・スピーカーのスピードについていくためにも、英語の思考法をいつでも実践する必要があるのです。

それでは、「**笠原訳**」の基本ルールに沿った英語を理解する方法を説明してきましょう。

【4】「笠原訳」の基本ルール　その「タイミング」と「訳し方」

まず、「**笠原訳**」の基本ルールについてお話していきましょう。

「**笠原訳**」では、訳を入れるタイミング（区切り方）と訳し方、適切な助詞の使い方が大切なポイントです。

> 「**笠原訳**」では、わかりやすくするために、1文の終了時には、／で区切ります。

(1) **タイミング：主語と動詞を一緒にしてその後に「笠原訳」を入れる**

「笠原メソッド」では、文頭、特に主語と述語動詞を確実に覚えて「英語を読み・書き・聞き・話す」ことを基本としています（これについては、後で詳しく説明します）。まず、主語と動詞を一緒にして、その後に「**笠原訳**」を入れる方法から、ご紹介します。

Ex1) She has...
訳し方：She has... ⇒主語「She」と動詞「has」の後に 彼女は持っている と「**笠原訳**」を挿入します。

(2) タイミング：目的語の後に「笠原訳」を入れる
　目的語は、主語と動詞の後に生まれる「**何を？**」「**何に？**」といった疑問に答える形で後に続きます。

Ex2) She has two cats.
訳し方：She has 彼女は持っている と言われると「**何を持っているの？**」という疑問が生まれます。それに答えるように、英語では、**...two cats...**というように、疑問に答える**目的語**が続きますので、ここで区切り、2匹の猫を と「**笠原訳**」を挿入します。このとき、「**を**」が**助詞**で、この「two cats」が**目的語**であるというマーカーになっています。

(3) タイミング：補語の後に「笠原訳」を入れる
　補語は、**主語の状態**を表す言葉です。

Ex3) You look tired.
訳し方：主語＋動詞 You look 君は見えるよ と言われると、「**どんなふうに？**」と聞きたくなります。そうすると、**...tired.** とその疑問に答えてくれる言葉がきますのでここで区切り、疲れているように と「**笠原訳**」を挿入します。この場合は、「**君は見る**」とはなりません。主語の状態を説明する**形容詞**（**補語**となる）は、全てこのように訳すことができます。

(4) タイミング：修飾語句の後に「笠原訳」を入れる
　修飾語句というのは、名詞や動詞などの意味を**補足する語句**です。ここでは、**形容詞句**と**副詞句**を取り上げて訳し方を説明します。

Ex4) The book is in the box.
副詞句の訳し方：The book is その本はあります と言われると、当然「**どこにあるの？**」という疑問が生まれます。**副詞句**を用いて、in the box.とつけ足されるので、ここで区切り、その箱の中に と「**笠原訳**」を挿入します。

Ex5) the toy car in the box....
形容詞句の訳し方：the toy car そのおもちゃの車は と言われると「**どのおもちゃの車のこと？**」という疑問が出てくることがあります。このようなとき、**形容詞句**を使って、the toy carを説明してわかりやすくします。**形容詞句**のin the boxの後で区切り、その箱の中の と「**笠原訳**」を挿入します。

(5) タイミング：主語と動詞の間に修飾語句や挿入語句が入る場合は、主語の後、修飾語句の後、動詞の後に「笠原訳」を入れる

英語の主語と動詞とが隣り合わせの場合は、(1) のように主語と動詞をひと区切りにして、その後に「**笠原訳**」を挿入します。ただし、**主語**と**動詞**の間に**修飾語句**や**挿入語句**が入る場合は、それぞれ、主語の後、修飾語句の後、動詞の後といった具合に別々に「**笠原訳**」を挿入します。ここでは、**主語**と**動詞**の間に、主語を説明する**修飾語句**が入った場合を説明します。

Ex6) The plates on the table are made of silver.
訳し方：**主語**の The plates と**動詞**の are made は、**修飾語**の on the table によって、引き離されています。それぞれの後に「**笠原訳**」を挿入して行きます。
The plates そのお皿は on the table テーブルの上の are made 作られています of silver. 銀で ／

(6) タイミング：動詞にBE動詞がくるときは、2通りの訳し方がある

述語動詞に**BE動詞**がくる場合は、**主語**を単独で訳し、**BE動詞**は、後に続く形容詞や名詞と共にひとかたまりとして、その後に「**笠原訳**」を入れたほうがスムーズな場合は、そうすることとします。なぜなら、**BE動詞**には、①「**〜です**」と訳す場合と存在を表して②「**います**」や「**ある**」と訳す場合とがあるからです。

Ex7) He is always funny.
訳し方①：**BE動詞**を「**〜です**」と訳すとき、**主語**を単独で訳し、**BE動詞**を後に来る**形容詞**と一緒に訳します。
He 彼は is always funny. いつも面白いです ／

Ex8) She is in Tokyo now.
訳し方②：BE動詞を、存在の「**います**」と訳すときは、**主語**と**動詞**は、くっつけて訳します。
She is 彼女はいます in Tokyo 東京に now. 今 ／

(7) タイミング：接続語句の後に「笠原訳」を入れる
接続詞のbutやsoなどの後に「笠原訳」を挿入します。

Ex9) I like her but I don't like her cat.
訳し方：…but しかし …／…so, それで …
I like 私は好きです her 彼女が but しかし I don't like 私は好きではありません her cat. 彼女の猫が ／

(8) タイミング：関係代名詞、関係副詞の後に「笠原訳」を入れる
関係代名詞の訳し方：関係代名詞には3つの訳し方がある
A) 主格：「〜が」、「〜は」と訳すもの ⇒ 後に来る動詞とともにひと区切りにし、その後に「**笠原訳**」を挿入します。
who : そして、その人（たち）は
that : そして、その人（たち）は または そして、それ（ら）は
which : そして、それ（ら）は

　解釈の過程をわかりやすくするために、（だれ？どんな人？）などといったように頭から解釈していけば当然出てくる疑問を　　　で書きました。それに答えるように実際の英語が続いていることを確認してください。

Ex10) The secretary who has just been hired will start next week.

　　　　　　　　　　　　　だれ？どんな人？
The secretary その秘書は who has just been hired そしてその人は雇われたばか
　　　　　　いつ？
りです will start 始めます next week. 来週に ／

Ex11) My secretary, who has been working for me for one year, is very efficient.

　　　　　　　　　　だれ？どんな人？
My secretary, 私の秘書は who has been working そしてその人は働いています
　　　　　　どのくらい？
for me 私のために for one year, 1年間 is very efficient. とても有能です ／

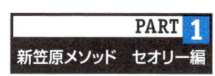

B) 所有格：「～の」と訳すもの ⇒ 後に来る名詞、動詞とともにひと区切りにし、その後に「笠原訳」を挿入します。
whose：そして、その人（たち）の　または　そして、それ（ら）の

Ex12) I met a guy whose sister knows you well.
I met 私は会いました a guy 男に会った whose sister knows そしてその人の妹は知っている you 君を well. よく ／

C) 目的格：「～を」と訳すもの ⇒ 直後に「笠原訳」を挿入します。
whom：そして、その人（たち）を　または　そして、その人（たち）に
that：そして、その人（たち）を　または　そして、それ（ら）に
which：そして、それ（ら）を

目的格の関係代名詞は、省略することができます。

Ex13) The secretary whom you'd like to see is on vacation.
The secretary その秘書は whom そして、その人に you'd like to see あなたはお会いになりたい is on vacation. 休暇中です ／

関係副詞の訳し方：関係副詞は、その直後に「笠原訳」を挿入します。
where：そして、そこで
when：そして、そのとき

Ex14) The city where I used to live when I was younger was very beautiful.
　　　　　　　　　どこ？・どんなところ？　　　　　　　　　　　　　　　　　　　　　　　　　いつごろ？
The city その市は where そしてそこで I used to live 私はかつて住んでいた when ときに I was younger 私が今より若かったときに was very beautiful. とてもきれいだった ／

前置詞＋関係代名詞は、関係副詞と同じように考えます。実際によく使う「前置詞＋関係代名詞」は、"to whom" と "in which" です。特に to whom は、reference letter（推薦文）などを書く際に、"To whom it may concern;" と書くことが多くあります。これは、"Dear sir or Madam;" と並んで、推薦文などを書くときの定番と言えます。また、"in which"「そして、それ（ら）の中に」は、There must be そこにはあるに違いない a box 箱が in which そして、その中に she has 彼女は持っている her jewelries. 彼女の宝石を ／ などのように使います。

(9) タイミング："because"や"if"などは、その直後とその後の主語と動詞の後に分けて「**笠原訳**」を入れる

Ex15) ...because he saw....
訳し方："because"「なぜなら〜なので」や"if"「もしも〜なら」などのように、文、文節や句の先頭と最後に訳がまたがる場合、通常訳すときに省略しがちな最初の部分の「なぜなら」や「もしも」という訳を必ず、"because"や"if"の直後に挿入し、強調するようにして、先頭部分の意味の把握をしっかりするようにしておきます。こうすると、効率的に理解を先にスムーズに進めていくことが出来ます。また、"because"や"if"などは、その後に続く動詞に意味がかかってくるので、後に続く「主語＋動詞」に意味を加えて「**笠原訳**」をつけるようにします。

...because なぜなら **he saw** 彼は見たので…

　このように、becauseの直後に なぜなら を挿入し、印象付けて、「〜なので」を後に続く動詞の後にくっつけます。

Ex16) ...if he comes on time...
...if もしも **he comes** 彼が来るなら **on time** 時間通りに…

　この場合も、ifの直後に もしも を挿入し、印象付けて、「〜なら」を後に続く動詞の後にくっつけます。

　「**笠原訳**」の基本ルール「タイミング」と「訳し方」を原則的ルールのみをまとめると右頁のようになります。
　これは、あくまで、皆さんが英語を聞いたり、読んだりするときに、このルールに従っていけば、英語の語順のまま、日本語の語順に引き戻されることなく理解することが出来る最低限のルールだと考えてください。

「笠原訳」の基本ルール

第1原則
英語を主語、述語動詞、目的語、補語、修飾語句、接続語句（例外もある）の後で区切ります。そして、述語動詞、一部の副詞、接続語句を除く、各語句の単位に、適切な助詞をつけた日本語訳を挿入します。

第2原則
英語の主語と動詞とが隣り合わせの場合は、主語と動詞をひと区切りに訳し、その後に、日本語訳を挿入します。主語と動詞の間に修飾語句及び挿入語句が入る場合は、別々に日本語訳を入れます。

第3原則
述語動詞にBE動詞がくる場合は、主語を単独で訳し、BE動詞は、後に続く形容詞や名詞と共にひとかたまりとして訳して、その後に、「笠原訳」を入れたほうがスムーズな場合は、そうすることとします。

第4原則
関係代名詞及び関係副詞の訳し方です。関係代名詞、関係副詞には、それぞれ、下記の訳をつけてして挿入します。

who：そして、その人（たち）は；　whose：そして、その人（たち）のまたはそして、それ（ら）の；　whom：そして、その人（たち）をまたはそして、その人（たち）に；　that：そして、その人（たち）はまたはそして、それ（ら）は；　that：そして、その人（たち）をまたはそして、それ（ら）を；　which：そして、それ（ら）は；　which：そして、それ（ら）を；　in which：そして、それ（ら）の中で；　of which：そして、それ（ら）の；　to whom：そして、その人（たち）に；　where：そして、そこで；　when：そして、そのとき；

第5原則
"because"「なぜなら～なので」や"if"「もしも～なら」などのように、文、文節や句の先頭と最後に訳がまたがる場合です。この場合は、通常訳すときに省略しがちな最初の部分の「なぜなら」や「もしも」を必ず、"because"や"if"の後につけて強調するようにし、先頭部分の意味の把握をしっかりするようにしておきます。こうすると、文節内で戻ることなく、効率的に理解を先にスムーズに進めていくことが出来ます。

【5】「笠原訳」のつけ方

「**笠原訳**」の基本ルールについて、タイミングと訳し方に重点を置いて説明してきました。ここでは、これらの基本原則を使って、実際の英語の中でどうやって、「**笠原訳**」をつけていくのかについて、具体的にお話していきましょう。

(1) 基本5文型に沿った、「笠原訳」の実践

英語のセンテンスは、**基本5文型**のどれかに必ず属しています。したがって、「**笠原訳**」の実践もまずは、この**基本5文型**から進めていきましょう。

> 第1文型
>
> 主語：Subject　動詞：Verb
> 「〜は」　→　「…だ」

主語 → 動詞というパターンは、中学校で習ったあの英語**基本5文型の第1文型**です。しかし、この文型、実は、**主語**と**動詞**だけで終わることは少なくて、何か説明するためのものが後からくっついてくることが多いのです。それでも、まず、最初の**主語**と**動詞**をよくつかんでおけば、後はそれにつけ足すための情報がついてくるだけと考えればよいのです。このつけ足しが、**修飾語**です。とにかく英語では、はじめに「何がどうしたか」を言っておいて、後から情報をつけ足していくことが多いんですよ。それでは、例文を見てください。

Ex1) 〈ここまでが主語 → 動詞の部分〉　〈どこに?〉
James used to live ジェームスはかつて住んでいました in a small village 小さな
〈どこの?〉
村に in the mountains. 山の中の ／

Ex2) 〈ここまでが主語 → 動詞の部分〉　〈どこに?〉　〈どこの?〉
She was sitting 彼女は座っていましたよ at the table そのテーブルに by the
〈いつ?〉
window 窓際の about five minutes ago. 約5分前に ／

Ex3) 〈ここまでが主語 → 動詞の部分〉　〈いつ?〉
The meeting is going to start 会議は始まります in ten minutes. 10分後に ／

> 第2文型
>
> どんな状態に？
>
> 主語：Subject　動詞：Verb　補語：Complement
> 「〜は」　→　「…だ」　＋　「―の状態に」

　これは、英語**基本5文型の第2文型**です。この文型の場合、**補語**が**主語の状態を表している**というのが大事なところで、**感情表現**や**パーソナリティ**などを言い表すときに使われる構文です。主語が「**どんな状態に？**」または「**どんな状態？**」であるか、すなわち"How?"に答えていくと考えます。使われる動詞とともに、例文で確認してみましょう。

　この**第2文型**で使われる**動詞**は、状態、感情を表す**形容詞**を伴います。**BE動詞**は後から来る**形容詞**と一緒に「**〜だ**」と訳します。BE動詞のほかによく使われる**動詞**は、①feel（〜に感じる）②seem（〜のようだ）③sound（〜のように聞こえる）④look（〜のようにみえる）⑤get（〜〈の状態、感情〉になる）⑥become（〜〈の状態、感情〉になる）などです。

Ex1)
I felt frustrated 私は悔しく感じました because なぜなら I couldn't hear 私は聞こえなかったから it それが very well. あまりよくは ／

Ex2)
He seems 彼はようだよ very nice. とてもよい人の ／

Ex3)
She sounded 彼女は聞こえたよ angry. 怒っているように ／

Ex4)
She looked 彼女は見えたよ very upset とても動揺しているように at her wedding reception. 彼女の結婚式で ／

Ex5)
I got 私はなりました very nervous とても緊張した状態に when I talked 私が話したときに to her. 彼女と ／

Ex6)
I became 私はなりました very bored とても退屈に while I was listening 私が聴いている間 to his speech. 彼のスピーチを ／

第3文型

何を？

主語：Subject 　　動詞：Verb 　　目的語：Object
「〜は」　→　「…だ」　＋　「―を」

　英語**基本5文型の第3文型**です。文の**核心**である**主語**と**動詞**をしっかりと把握すると、「**何を？**」という疑問が生まれるのではないでしょうか。それに答えるように、**目的語**に**助詞**の「〜を」をそえて、**主語**と**動詞**にくっつけたのが**第3文型**です。どんなに慣れてきても文が長くなっても、**動詞**と**目的語**をまとめて訳さないように気をつけてください。まとめた時点で、日本語の発想に引き戻されますので、注意が必要です。それでは、例文を見てみましょう。

Ex1)　　　　　　　　　　　　　　　　　何を？
Obviously, 明らかに he dominated 彼は仕切っていました the conversation その会話を at the party. そのパーティーで ／

Ex2)　　　　何を？
She started 彼女は始めた laughing 笑うことを suddenly. 突然に ／

Ex3)　　　　何を？
She likes 彼女は好きです it それを very much. とってもよく ／

Ex4)　　　　　何を？
Somebody broke 誰かが壊した this door この扉を last night. 昨夜 ／

> 第4文型
>
> 主語：Subject　動詞：Verb　目的語：Object（誰に?）　目的語：Object（何を?）
> 「～は」　→「…だ」　＋　「—に」　＋　「——を」

　英語**基本5文型の第4文型**です。文の核心である主語と動詞をしっかり把握すると「**誰に?**」「**何を?**」という疑問が当然出てきますので、それに答えるように、**2つの目的語**が続きます。**目的語**は、それぞれ「に」と「を」の助詞がつきますから、どんなに慣れてきても文が長くなっても、動詞などとくっつけずに、独立させて訳していくことを徹底してください。まとめた時点で、日本語の発想に引き戻されます。それでは、例文を見てみましょう。

Ex1)
I'll bring 私が持ってきましょう you あなたに〔誰に?〕 something 何かを〔何を?〕 to drink 飲むための. ／

Ex2)
Show 見せてください me 私に〔誰に?〕 your passport, あなたのパスポートを〔何を?〕 please. お願いいたします ／

Ex3)
He paid 彼は払いました me 私に〔誰に?〕 $200 200ドルを〔何を?〕 for the work. その仕事に対して ／

Ex4)
The movie director gave その映画監督は与えた him 彼に〔誰に?〕 a chance. チャンスを〔何を?〕 ／

Ex5)
The company offered その会社は提供した me 私に〔誰に?〕 a job. 仕事を〔何を?〕 ／

> 第5文型
>
> 主語：Subject　動詞：Verb　目的語：Object　補語：Complement
> 　「〜は」　→　「…だ」＋　「ーを」　＋「ーーの状態に」

　英語**基本5文型**の**第5文型**です。**核心**の**主語**と**動詞**をしっかりと把握すると「**何を？**」「**どんな状態に？**」という疑問が出てきますので、それに答えて、**目的語**「ーを」と**補語**「ーーの状態に」が続きます。他の文型同様、どんなに慣れてきても、文が長くなっても、それぞれ、独立させて訳していくことを徹底してください。それでは、例文を見てみましょう。

Ex1)
　　　　　　　　　　　　　何を？　　　どんな状態に？
The result made その結果はした me 私を happy. 幸せに ／

Ex2)
　　　　　　　　　　　　　　　　　何を？　　　　　　　　　　どんな状態に？
They wanted to paint 彼らは塗りたかった the living room その居間を green. グリーンに ／

Ex3)
　　　　　　　　　　　　　　　　　　　　　　　　　　何を？　　　　どんな状態に？
Could you keep そのままにしておいていただけませんか？ the door そのドアを open, 開けた状態に please? お願いします ／

(2) 形容詞句・副詞句・関係詞節を使った、後から情報をつけ足していく方法

(1) では、基本5文型にどのように「**笠原訳**」を応用していくかを説明しましたが、英語のセンテンスが、この5つのどれかに属しているといっても、実際に英語を「読み・書き・聞き・話す」ときに英語を難しく感じさせているのは、修飾語句など、情報のつけ足し方ではないでしょうか。

そこで、ここでは、「**笠原訳**」の基本ルールに沿って、形容詞句、副詞句、関係詞節について学習していきます。

ちなみに、この修飾語句に関しては、本書のハンズ オン トレーニング編で、動名詞、不定詞などを詳しく解説し、練習します。

①形容詞句

Ex1)
どこの？
The books その本は on the shelf その棚の上の are all mine. 全部私のものです ／

いきなり「その本は」といわれてもピンと来ませんが、「その棚の上の」という補足説明が入ることによって、聞き手には、「あの本ね」と分かるわけです。ここでは、「前置詞＋名詞」のon the shelfが、The booksを説明している形容詞句です。

②副詞句

Ex2)
　　　　　　　　　　　　　　何を？　　　　　　　　　　　どこに？
Our company has 我々の会社は持っています many branches たくさんの支店を all over the U.S. 合衆国中に ／

この文では、副詞句のall over the U.S.がhasという動詞に意味をつけ足しています。

③関係代名詞

関係代名詞の訳し方やタイミングについては、24ページに詳しく説明してある通りです。また、ハンズ オン トレーニング編のLesson 8で関係詞の学習をしますので、ここでは、実例をあげて、実際にどのように訳していくかを見てみましょう。

誰を？　　　どんな人？
Do you know あなたは知っていますか？ anybody 誰かを who knows そしてその人は知っています about this machine? この機械について ／

　　　　　　　　　　何を?　　　　　　　　　　　　どんな友人?
I have 私は持っています a lot of friends たくさんの友人を who live そして彼らは住んでいます in the U.S. 合衆国に ／

　　　　　　　　何を?　　　　　　　　　　どんな人たち?
I saw 私は見ました some people 何人かの人を whose cars had broken down そして彼らの自動車は故障していました because of the storm. その嵐のせいで ／

(3) 動詞句、イディオムなど熟語的表現がある場合の「笠原訳」

　イディオムなどの**熟語的表現**の訳し方について、ご説明します。イディオムというのは、通常の英語とは違います。イディオムはそれとして別に覚えておかなくてはいけません。なぜなら、イディオムのほとんどはもう、元の単語の意味からは、大きくかけ離れているからです。

　たとえば、out of the blue というイディオムを訳せば、「いきなり」「突然に」といった意味になります。日本語で言う「青天の霹靂」のような驚きの意味がこめられています。ですから、「**笠原訳**」では、次のようになります。

Ex1) It happened out of the blue.
It happened それは起こった out of the blue. 突然に ／

Ex2) I'm getting cold feet.
I'm getting cold feet. とっても緊張しているよ ／

　Ex2) は、結婚式直前の男性がよく口にする表現として有名です。「冷たい足を得ている」と訳したら、理解に苦しみますね。

　さあ、それでは、イディオムまじりのダイアローグを紹介しましょう。

Ex3)
A: You're looking rough, late night?
B: Yeah, we went on quite a bender. I'm really hung over. I haven't drunk that much in a long time.
A: So, it was a good night then?
B: Yeah, it was pretty fun. But I'm paying for it now with this headache.

A: You're looking 君は見えるよ rough, 冴えないように late night? 昨日夜遅かったの？ ／
B: Yeah, ええ we went on quite a bender. 私達は飲みすぎたよ ／ I'm really hung over. 私はひどい二日酔いだよ ／ I haven't drunk 私は飲んでいなかった that much そんなに多く in a long time. 長い間 ／
A: So, それで it was a good night 楽しい夜だった? then? その時は ／
B: Yeah, ええ it was pretty fun. とても楽しかったよ ／ But でも I'm paying for 私はばちがあたっているんだよ it それに now 今 with this headache. この頭痛で ／

　このように、**イディオム**はひとつの塊としてとらえていきます。なぜなら、イディオムは、その塊で意味を形成していますので、分解してしまったらもうイディオムではないからです。同じような例として、「**笠原訳**」では、Ex4)のような前置詞と組になって意味の異なってくる、分解すると意味が変わってしまう**動詞句**もひと塊として訳します。

　ところで、イディオムではないのですが、B: の中に登場するpretty funは、文法的には間違いです！　なぜならfunは名詞なので、pretty much fun とするのが文法的には正しい英語と言えます。しかし、多くのネイティヴスピーカーは、pretty funやso funを使っていますので、口語表現として定着していると言えるでしょう。私のアメリカ人の友人のお母さんだったら、"No!"と注意すると思いますが。

Ex4) I'm looking for a pair of shoes.
I'm looking for 私は探しています a pair 一組を of shoes. 靴の ／

　この場合の**動詞句**は、**look for**で、「探す」という意味です。lookという動詞は、look at で、「見る　〜を」となるように、後についてくる**前置詞**によって、意味が違ってきます。ただ、「**lookが来た時点で、『見る』としてしまうのだけど、実際にはどうすればよいのでしょうか？**」と、とまどう人も多いのではないでしょうか？　このような場合は、イディオムや動詞句に限らず起こってくる可能性があると思います。頭から訳していくということは、基本的に次に何が来るのかは、予想はついてもあらかじめ知ることはできません。したがって、「**笠原訳**」を挿入する時点では、次に来る言葉はわかりません。こんなとき「**新笠原メソッド**」では、その単語の前にある単語を覚えておいて、すばやく修正をします。たとえば、この例文の場合、**I'm looking**まできて、私は見ていると訳した

としましょう。しかし、その後で、forが来ますので、この時点で、lookの訳し方が間違っていることに気づきます。それは、**文頭**から訳しているからわかるのです。そこで、I'm looking forまでを**主語＋動詞**と考え、言い換えれば、**look for 探す** を動詞として考え、**I'm looking for 私は探しています** と訳します。このように修正できるかどうかは、文頭をしっかり把握しているかをチェックする大事なバロメーターになります。

Ex5) I ran into Lucy at the supermarket yesterday.
I ran into 私はばったり会いました Lucy ルーシーに at the supermarket そのスーパーマーケットで yesterday. 昨日 ／

この場合の動詞句は、run intoで、「偶然、ばったり会う」という意味です。run「走る」と訳してしまった場合、intoまできて、修正します。

Ex6) You know, I looked through my photo album last night.
You know, あのね I looked through 私は目を通したんだ my photo album 私の写真アルバムに last night. 昨夜 ／

この場合の動詞句は、look throughで、「目を通す」という意味になります。

Ex7) Don't pick on me!
Don't pick on からかわないで me! 私を ／

この場合の動詞句は、pick onで、「からかう」という意味です。teaseという単語ひと言でも言えます。

Ex8) My car is running out of gas.
My car is running out of 私の車はなくなってきている gas. ガソリンが ／

この場合の動詞句は、run out ofで、「なくなる」という意味ですから、これもrun「走る」という意味からは想像できませんよね。

(4) 複雑なセンテンスの「笠原訳」
①接続詞がある場合の「笠原訳」
Ex) My father told me about it before, but I don't remember it very well.
My father told 私の父は言いました me 私に about it それについて before, 前に but しかし I don't remember 私は覚えていない it それを very well. それほどよ

くは／
　My father told 私の父は言いました という「**主語＋動詞**」の後で区切りこの部分を鮮明に覚えておくようにします。そうすると当然「**誰に？**」という疑問が出てきますので、**me** 私に と続いていきます。接続詞の訳し方は、**so** それで とか、**but** しかし のように、後の**主語＋動詞**の解釈に直接影響を及ぼさず、その場で、それで とか、しかし のように訳せるものは、その場で「**笠原訳**」を挿入します。

②**名詞節を導く、that** 次のことを **の「笠原訳」**
Ex) The signature on this form shows that you bought it at the shop yesterday.
The signature そのサインは **on this form** この用紙の **shows** 表しています **that** 次のことを **you bought** あなたが買ったということを **it** それを **at the shop** そのお店で **yesterday.** きのう ／
　The signature のように最初に名詞が単独で出てきたときは、主語であると予想して、そのサインは と解釈して先に進みます。その後は、この主語に意味を足している**修飾語 on this form** この用紙の が来ていますので、この時点では、主語を動詞とくっつけて解釈できません。そして、ついに**動詞 shows** 表しています が来ました。さあ、「**何を表しているの？**」という疑問が当然来ますので、それに答える形で、**目的語**「**〜を**」が来るのですが、この文の場合は、もう少し複雑で、目的語の代わりに名詞節で「**〜を**」を表しています。この **that** 次のことを は、この**名詞節**を導く言葉でよく使われます。その後、**you bought** あなたが買ったということを と訳して挿入しますが、**that** 次のことを を覚えていて、それを反映させたい場合は、あなたが買ったということを というように、「ことを」を繰り返します。これは、意味をとらえるのにとてもよいことなので、慣れてきたら、自然に繰り返すようにするといいでしょう。

③**There の文の「笠原訳」**
Ex) There was a very nice bag at the shop.
There was そこにはありました **a very nice bag** とてもいいバッグが **at the shop.** そのお店には ／
　there ＋ **BE動詞** が来たら、この BE 動詞は、存在を表す BE 動詞ですので、この例のように、there とくっつけて解釈します。

④ "because" や "if" などの「笠原訳」

「笠原訳」の基本ルール（26ページ）では、実際のセンテンスで実践しませんでした。実際のセンテンスでは、次のようになります。

Ex1) We didn't go out because it was raining hard.
We didn't go out 私たちは外出しなかった because なぜなら it was raining 雨が降っていたので hard. 激しく ／

Ex2) I didn't like the movie because it was boring.
I didn't like 私は好きではなかった the movie その映画を because なぜなら it was boring. それは、退屈だったから ／

Ex3) If we don't hurry, we'll be late.
If もしも we don't hurry, 私たちが急がなかったら we'll be late. 私たちは遅れるでしょう ／

Ex4) I don't know yet, but if I go shopping with them, I'll buy some presents for you guys.
I don't know 私はわかりません yet, まだ but でも if もしも I go 私が行くなら shopping 買い物に with them, 彼らと一緒に I'll buy 私は買うよ some presents いくつかのプレゼントを for you guys. 君たちに ／

　"if" や "when" は、**動詞の意味**にかかるだけでなく、**動詞の時制**にも影響を及ぼします。Ex3と4では、"if" が、**未来の仮定**（未来にそうなるかどうかわからない状況で、そうなった場合のことを仮定している）を表していますので、"if" に導かれる節は、未来のことを言っているのにもかかわらず、**動詞**は現在形です。またこの "if" が、現実にはないことを仮定して、"if"「もしも」と言っている場合は、"if" が現在の事を表していても、**動詞の時制**は過去になりますし、過去の事を言っていれば、過去完了形になります。次のEx5と6を見てください。

Ex5) If you didn't go to her wedding, she would be hurt.
If you didn't go もしも君が行かなかったら to her wedding, 彼女の結婚式に she would be hurt. 彼女は傷ついたことでしょう ／

　"if" は、you「君」が来たことを前提に、「行かなかったら」と現実とは反対のことを仮定して、結局は、動詞の意味にかかるだけでなく、動詞の時

制にも影響を与えています。

Ex6) If I had known about it when you called me, I would have told you.
If もしも I had known 私が知っていたら about it それについて when ときに you called あなたが電話をしたときに me, 私に I would have told 私は言ったことでしょう you. あなたに ／

"if" は、と過去のある時点では知っていなかったことを前提に「私が知っていたら」と反対の仮定をして、**動詞の時制**にも影響を与えています。また、"when" は、後の動詞に影響を及ぼしているのですが、忘れてしまうことを避けるために、"when" のすぐ後で、ときに と訳を挿入します。その後で、主語と動詞が出てきた時点で、「**動詞＋ときに**」と訳します。それでは、この "when" の具体例を見てみましょう。

Ex7) When I went to Karuizawa, I found a really nice souvenir for my girlfriend, but for some reason, I didn't buy it. So, I went back to the shop to buy it.
When ときに I went 私が行った to Karuizawa 軽井沢に ……

接続詞であるWhenの後で区切り、ときに と「**笠原訳**」を入れます。これが、**接続詞**を「**笠原訳**」で解釈する基本です。なぜなら、**文頭の接続詞**をしっかりと覚えながら、戻ることなく、進む必要があるからです。しかし、**文頭の接続詞**はこの節の**核心**部分である**主語**と**述語動詞**にまで影響を及ぼしています。すなわち、前に説明した "if" のように、後に続く動詞の訳に影響を及ぼしています。

そこで、「**笠原訳**」では、When ときに と訳して、**接続詞**を印象づけてから、I went 私が行った を訳した際に、When ときに を覚えているので、「**笠原訳**」に修正を加えて、When I went 私が行ったときに とします。決して、When ときに に戻って、修正するのではないということをしっかりと理解してください。また、上達していけば、修正することなく「私が行ったときに」と出来るようになります。この**副詞節**は、When I went 私が行ったときに to Karuizawa 軽井沢に と訳します。

Chapter 2 高速リスニング ─5-Step-Listening

【1】英語を瞬時に思い出して使えるように身につける！

　ここまで読み進んでこられた皆さんには、「**笠原訳**」を使って**英語の語順**で英語を理解する方法がわかっていただけたと思います。そして、この**英語の語順**をしっかりと身につけられれば、英語がどんどん上達していくという実感を持っていただけたのではないかと思います。

　しかし、**英語の語順**がわかっていて、必要な知識を覚えているだけでは、英語が流暢に話せるようにはなりません。身につけた知識が、いつでも、とっさに使えるようになれなければ、覚えている知識は、おそらく何の役にも立たないでしょう。

　たとえば、自動車を運転するとき、「赤信号になった。止まらなければいけないので、ブレーキペダルを踏もう。ブレーキペダルは、真ん中にあるので、えーと……」などと悠長なことを言っていては、事故を起こしてしまいます。普通、運転している人は、無意識に、気がつかないうちに「ブレーキを踏んでいる！」はずです。

　英語を話すときだってそうではないでしょうか？「えーと、こうなってくると、次に来るのは、**目的語**で、そのあと、**関係代名詞**でつなげて……」とか、「難しいは、difficultだから、It is difficult...」などと考えていては会話になりませんし、こんなことをやっていては、いつまでたっても英会話が出来るようにはなりません。したがって、**英語の語順**や**ヴォキャブラリー**こそ、無意識の内に瞬時に反応できるように、言い換えれば、瞬時に思い出して使えるように身につけていなくては、英語を使えることにはならないのです。

【2】高速リスニングで、あなたの集中力と記憶力を高め、「英語の瞬発力」を飛躍的に高めよう！

　「**新笠原メソッド**」を用いて英語をマスターする場合の最終目標は、英語を「日本語を介さずに英語のまま自由自在に操る」能力を身につけることです。そのためには、まず、英語を「**英語の語順**のまま読み・書き・聴き・話す」ことができるようになることです。「**笠原訳**」は、そのためになくてはならないツールです。しかし、英語をただ「**英語の語順**のままに読み・書き・聴き・話す」ことができ

るようになるだけでは、英語をすばやく、自由自在に操れるようになるのに十分ではありません。

最終目標である英語を「日本語を介さずに英語を自由自在に読み・書き・聞き・話す」には、「理論的にわかっている」というレベルをはるかに超える「**英語の瞬発力**」が、学習者自身の英語力に要求されます。

この「**英語の瞬発力**」というのは、英語を聴くときに、まるで「母国語を聞いているかのように自然に聞き取れて理解できる能力」であり、英語を話すときに、「英語が、自然に素早く口をついて出てくる能力」です。

しかしこれは、普段日本語を母国語として話している日本人には、とても難しいことです。なぜなら、学習者自身の第一言語（母国語：マザー・タン）が日本語の場合、通常なら、まず日本語に直して理解しようとする力が働いて当然です。それは頭の中で、自分の第一言語である日本語で理解するスピードが、英語で理解するスピードより速いからです。だから、例えば、「私、フランス語は、仕事でも使っているし、それなりにできるのだけど、英語って結構苦手なんです。海外旅行へ行って、英語を話そうとすると、ついフランス語が出てきてしまうんです」というような人の場合、外国語を話そうというモードに入ったら、「**フランス語の瞬発力**」が、「**英語の瞬発力**」よりもはるかに速いので、フランス語が先に出てきてしまうのです。

これが、「**英語の瞬発力**」に関する基本的な考え方ですが、実は、この「**英語の瞬発力**」は、大きく分けて2種類あると「**新笠原メソッド**」では考えています。その2種類とは、以下の2つです。

① 「**音の瞬発力**」：リスニング、スピーキングに必要な瞬発力。リスニング、スピーキングともに音を媒介として英語でコミュニケーションしますので、英語の音に対する反応、瞬発力という意味では共通します。
② 「**目の瞬発力**」：リーディング、ライティングに必要な瞬発力。英語を目で見て、その英語を認識していきます。

この①と②の「**瞬発力**」の現れ方は、人によって随分と違ってきます。例えば、英語の学習は、「**英会話中心にやってきた**」、「**私は、英会話が得意だ**」という人は、②に比べて、①の能力が高いです。このような人の場合、TOEIC®TESTのスコアでも、リスニングの点数が高いです。反対に、「**英語を読むのは得意なんだけど、話すのはチョットね**」、「**英字新聞をよく読んでいます**」、「**英語のペーパーバックを読むのが大好き**」という人は、明らかに、②の能力が、①よりも高いです。日本人の場合、「**学校英語以外英語は勉強したことがない**」、「**受験英語は得意なんだけど**」

という人も、①よりは②の能力が高いのです。

　同じ英語なのにどうしてこのようなことが起こるのでしょうか？　それは、人によって、聴いたときと読んだときに反応する、言い換えれば、その英語を認識するスピードが違うからなのです。例えば、"devastate"「荒らす」という単語を例にとってみましょう。新聞などではよく、"devastated area"「荒らされた地域」「被災地」という形で出ていますが、②の能力が高くて、聞くことが苦手な人は、この単語を見て、すぐに単語の認識ができますが、聴いた場合には、なかなか反応できません。また逆に、①の能力が高く、読むことに慣れていない人は、この言葉を聴いてすぐに反応できますが、読んだ場合には、反応が遅く、スペルの似ている違う単語と間違ったりします。これはあたかも、小学校１年生ぐらいの子どもたちが、読み書きを習い始めるとき、いつもはすらすら話せても、教科書を読んだり、自分で書いたりするときはとてもゆっくりで、間違ってしまう、という現象と根本的には変わりません。

　このように、学習者の脳は、速くて楽な方法、いつも使っているルートを自動的に選択しようとします。「**笠原訳**」で解釈することは英語が出てくるスピードを速める助けになり、日本語とは語順の異なる英語の語順で考えられるようになりますから、このような「**英語の瞬発力**」を高める基礎を構築することができます。しかし、それだけでは「英語がすぐに口をついて出てくる」という英語を自由自在に操れる「**英語の瞬発力**」を身につけるには十分とはいえません。

　そこで、この「**笠原訳**」を使って、英語を「**読み・書き・聞き・話す**」スピードをどんどん上げていくのです。それでは、「**音の瞬発力**」、言い換えれば、リスニングとスピーキングの瞬発力はどうすれば高められるのでしょうか。

　私の主宰するバートランゲージスクール®では、「今のスピードで、ほとんど間違えずに話せるようになったら、意識的にそのスピードを段階的に徐々に上げていく」という学習方法を取っています。成人英会話クラスのレベルは、全部で8レベルに分かれているのですが、そのレベルごとに、ネイティヴ・スピーカーである講師の話すスピードを変えています。したがって、本校の場合、レベル分け試験では、文法やヴォキャブラリーの知識の他に、fluency（流暢さ）やaccuracy（正確さ）などの能力にも重点を置いたレベル分け判定をしています。また、入学する生徒さんにも「現在のスピードで、ほとんど間違えずに話せるようになったら、意識的にそのスピードを上げていってください」という指導をしています。要するに、ネイティヴ講師の話すスピードと生徒の話すスピードをレベル別にコントロールすることにより、リスニングとスピーキング両方のスピードをコントロールしているのです。生徒さんのレベルが上がっていけば、上級のクラスへ行けば行くほど、リスニングとスピーキングの両方のスピードが速くなっていくよ

うに設計されています。

　段階的に「**リスニングとスピーキングの両方のスピードを上げていく**」とその生徒さんは、はじめは苦しんで、リスニングとスピーキングの両面でよく間違えることもありますが、スピードに慣れてくるとより流暢に話し、先生の話すこともよく理解できるようになってきます。

　この時、頭の中では、どのようなことが起こっているのでしょうか？　中級以上になってくると「**ふと気が付いてみると日本語に訳していない自分に気づいた**」、「**いちいち日本語で訳すことが面倒になった**」、「**以前は、日本語できちんと理解していないと何かもやもやして自信がなかったのだが、今では逆に、それがいかにナンセンスだったのかに気づいた**」といった意識を持つことが多くなり、実際に英語力も加速度的に伸びていきます。同時に「**レッスンの後、日本語で話しかけられたのに、無意識に英語で答えてしまったことがあった。すごく恥ずかしかったけれど、自分がもう日本語には訳していないんだなぁと実感できた瞬間でもあり嬉しかった**」という感想を持つなど、リスニング能力とスピーキング能力の両面で英語力が高まってきていることを実感するようになります。これは、listening comprehension（リスニング・コンプリヘンション能力：英語を聴いて理解する能力）が高まってくるからです。さらに、「以前よりも単語を覚えるのが速くなった」、「覚えた単語が以前よりもすぐに口をついて出て来るようになった」など英語の記憶力、想起力ともによくなってきていることを実感するようになります。

　そこで私は、何とかこの方法を「**自宅学習**」にも応用できないかと考えるようになりました。そして出来れば、もっと飛躍的に効果の上がる方法はないかと。考えてみれば、当校の教員たちが、レッスンの中で、話すスピードを変えるといっても、生身の人間がやっていることですから、限界があります。一番低いクラスで、1分間に80 words＋「各単語をenunciate（はっきりと発音）する」レベルから、上級クラスでは、1分間に150 words程度に近いレベルで話すことぐらいが精一杯です（付け加えますと、初心者レベルのクラスでも、あまりゆっくり話すようにはしていません。それよりも「**笠原訳**」を意識して、それを入れるべきところにポーズを入れて、戻らずに理解できる能力を身につけてもらうようにしています）。

　そこで、学校のレッスンを上回る効果を「**自宅学習**」ベースで効果をあげるために私が考えた学習方法が、「**段階的、高速リスニング法**」だったのです。

　まだ私が中学生だった頃、家に、1台のLL学習機がありました。いわゆる、教材テープにあわせて自分が発音をし、後で自分の発音と教材テープの発音とを比べることができる機械でした。はっきり言って、初めは全然使っていなかったのですが、ある日、この機械を使ってみて、私はびっくりしました。－50パーセン

トから＋50パーセントのスピードの調節ができるのです。

　私は、教科書対応の英語学習テープや当時人気のラジオ番組「百万人の英語」を録音したものをそのLL学習機でスピードを変えて聴き始めました。私が興味を持ったのは、遅く聴くほうではなく、もっぱら速く聴くほうでした。なぜなら、遅く回して聴いてみたのですが、英語の単語がわかりやすく聞こえるようになるわけではなく、逆に音程が下がって、全てがモンスターの声のようになって、学習時間も多くかかってしまい、何もいいことがなかったからです。

　もし、遅く聴ければ英語はわかりやすくなると思っている人がいたら、ここで、「そんなことはありません」と申し上げておきます。英語はいくらゆっくり言ってもらっても、Mc Donald'sが、マクドナルドと聞こえたり、Mercedesが、メルセデスと聞こえたりすることは、決してありません。それでは、どう発音しているのかというと、発音をカタカナで表すことには無理がありますが、強いて表現すれば、「マ（ク）・ダーナゥ（ズ）」、「ムッセーディー（ス）」[（　）内の音は、ちょっとオマケをつけ足すように短めにいってください]となります。つまり、テープを遅く回したからって、カタカナ英語のような発音にならない、ということです。

一方、速く聴くという方法は、大変有効でした。50パーセント速度を上げたスピードの英語でも慣れてしまえば、聴き取るのにさほど問題はありませんでした。ただ、音程が、リスの声のように高くなってしまうのは、問題でした。この速く聴く方法を私はまず、英語のスピーチコンテストの原稿を覚えるのに使ってみようと思いました。皆さんもご存じのようにスピーチコンテストでは自分でスピーチの原稿を書いた後で、その原稿を覚えなくてはなりません。当時は、暗記となれば、繰り返すしかないと思っていましたので、この速く回す方法なら短い時間で、通常よりも多く反復できると中学生ながらに思ったわけです。やってみて気がついたのですが、早回しされた英語を聴いているときに自分自身が、とても集中して聴いている事を実感しました。また、たくさん反復できるので始めた早回しだったのですが、予想をはるかに上回る少ない回数で、全てを正確に覚えることができたのを覚えています。

　私は、「**新笠原メソッド**」を開発するに当たって、このときのことを思い出しました。また、偶然かもしれませんが、私がアメリカのgraduate school（大学院）で学習していたとき、undergraduate（学部生）の読書のcomprehension（理解力）テストを行っているのを見たのですが、その際、読書の理解力の判定なのに、読書速度を計っていました。速く読むスピードも競っていたのです。アメリカでは、読むスピードが速いほうが、理解力も高いということが、半ば常識といわれているということです。

　このような背景から、高速にリスニングすることを含んだ、リスニング能力開発のプログラムを作ることにしたわけです。そして、私の欲張りな性格のためか、このシステムをリスニングだけではない、スピーキング能力まで高められるものにできないかということで、さらに工夫を重ねて、この「**新笠原メソッド**」が出来上がりました。

【3】5-Step-Listeningで、効率よく超高速リスニングを実現！

　「**新笠原メソッド**」の5-Step-Listeningでは、高速リスニングのとき、英語をノーマル・スピードの約2倍の速度にまで高めてリスニングしていきますが、ここで、次のような疑問が皆さんの中に生まれてくると思います。

①「**高速反復学習の効果がすばらしいのはわかるけど、ノーマルのスピードでもなかなか聴き取るのが難しい英語をその倍以上の速さで聴いて、果たして学習になるのか？**」
②「**テープレコーダーなどを早回しして聞いたことがあるけど、音程が高くなって、**

とても聴き取りづらかったのを覚えている。日本語でも聴き取りづらいのに、英語を聴き取るなんて不可能なのではないか？」

　速い英語が聴き取れないのは、英語が聴き取れないというより、その「**速いスピードで理解することができない**」というのがその一番の理由です。確かに、英語をセンテンスごとに訳すような方法で理解していたら、そのスピードについていけないことは、一目瞭然だと思いますが、「**笠原訳**」が挿入されている英語を聴くのならどうでしょう。これなら、**英語の語順**で訳がついているので、**速いスピードでも無理なく、英語の語順で理解する力が自然に身についていきます**。また、高速再生されたものを聴くときに一番気になるのは、その速さというよりは、高速時に発生する耳障りな「キュルキュル」するノイズや、元の音程よりも音程が高くなってしまって聴きづらいチップマンク現象（「チップマンク'chipmunk'：アメリカにいるシマリスの一種」がしゃべっているように声が異常に高くなる現象）です。実際に速いスピードのためではなく、再生時の音程が高くなってしまうために、高速で再生されたものを聴くことは、その音そのものを聞くこと自体が大変聞きづらく、そのため、ただ、高速で聴くだけでは、あまり学習効果を上げることができないどころか、頭痛のもとにもなりかねません。しかし、「**新笠原メソッド**」では、高速になっても音程があがることなく元の音程を保つことが出来るように音程をコントロールして、高速リスニングを行いますので、音程による聴きづらさが一切なく、純粋に高速リスニングによる学習効果をあげることが出来ます。

【4】高速リスニング—5-Step-Listening とは？

　5-Step-Listening とはいったいどのようなものなのでしょうか？　いくら高速リスニングは効果があるといっても、いきなり通常の英語の約2倍の速さの英語を聞かされては、戸惑ってしまうと思います。
　そこで、試行錯誤の結果、私は、無理なく学習効果をあげるために、**5-Step-Listening** という**段階的にリスニングしていく方法**を開発しました。この方法を実践していただければ、すぐに実感できると思いますが、この5段階のリスニング法は、現在考え得る方法の中で一番無理がなく、また無駄のない方法であるといえるでしょう！「**新笠原メソッド**」の **5-Step-Listening** は、48〜49ページに紹介する5つの段階から構成されています。次の例文と「**笠原訳**」を例に、まずは CD を聞いて、**5-Step-Listening** を体験してみてください。

PART 1
新笠原メソッド　セオリー編

- 1枚目のCDを準備してください。トラック2からはじまります。それぞれのステップの間に、ステップの切り替えの合図として、チャイム音が収録されています。
- はじめて聴くときには英文や笠原訳を見ないで、CDの音声に集中して聴いてみてください。

Ex) 2-6

Mr. James, to whom I spoke on the phone last week, is very interested in our documentary program. In our conversation, I told him that the girl we saw get injured in the accident was in the county hospital.

笠原訳

Mr. James, ジェームズ氏は to whom そしてその人に I spoke 私は話しました on the phone 電話で last week, 先週 is very interested 大変興味を持っていました in our documentary program. 我々のドキュメンタリー番組に ／ In our conversation, 私たちの会話で I told 私は言いました him 彼に that 次のことを the girl その少女は we saw 私たちは見ました get injured 怪我をしたところを in the accident その事故で was in the county hospital. その郡病院にいました ／

5-Step-Listening

① First Step：通常スピード英語 only のリスニング
英文 only を**通常スピード**で聴きます。
　[狙い] 通常のスピードで英文のみを聴き、「自分の comprehension（コンプリヘンション能力：英語を理解する能力）」をチェックします。初めて聴いたときに、この英語がどのように感じられて、どのくらい理解できたかを知っておく必要があります。

② Second Step：通常スピード 英語 with 笠原訳のリスニング
英文 with 笠原訳を**通常スピード**で聴きます。
　[狙い] First Step で難しいと思ったところ、すんなりと理解できないところについて、笠原訳を一緒に聴くことによって理解を高めます。英語の語順で理解していく方法をつかみます。

③ Third Step：高速スピード　英語 with 笠原訳のリスニング
英文 with 笠原訳を**高速スピード**で聴きます。
　[狙い] Second Step で、難しいと思ったところ、すんなりと理解できないところを解決したら、今度は、同じく笠原訳のついた英語を通常の1.8倍〜2.2倍の高速でリスニングをします。笠原訳を用いて、高速に英語の語順で理解する訓練をします。これにより、学習者の集中力、記憶力は飛躍的に高まるので、英語の語順、必要なヴォキャブラリーが、生きた知識としてどんどん身についていきます。

④ Fourth Step：高速スピード 英語 only のリスニング
英文 only を**高速スピード**で聴きます。
　[狙い] ③で笠原訳のついた英語を通常の1.8倍〜2.2倍の速さでリスニングをしたことで、この高速スピードに慣れていますので、今度は一気に English only で聴き、笠原訳の補助なしで、すらすらと英語が入ってくるのを感じます。新笠原メソッドの5-Step-listening になれてくると、回を重ねるごとに、日本語を解さずに英語でわかるのが、自覚できるようになります。
この段階では、English only の状態で、高速スピードで英語の語順で理解する訓練をします。学習者の集中力、記憶力は飛躍的に高まります。これにより、英語の語順、必要なヴォキャブラリーが、生きた知識としてどんどん身についていきます。

⑤ Fifth Step：通常スピード英語onlyのリスニング
英語onlyを**通常スピード**で聴きます。
　狙い　①と同じ、ノーマル・スピードで英文onlyの英語を聴きます。この段階で、ノーマル・スピードの英文onlyを聴くとかなり「遅いなあ」と感じるはずですし、意味もよくわかると思います。初めは、「速いなあ」となかなか着いていけなかった英語が、こう感じるようになるのです。たった一度、5-step-listeningを実践しただけでも、このノーマル・スピードの英語はとてもゆっくりと聞こえることでしょう。この段階で、学習者は5-step-listeningで自分の学習したヴォキャブラリーやその他の知識がどれだけよく身についているかをチェックし、自信を高めます。

　これが、「**新笠原メソッド**」の**5-Step-Listening**の全容です。この「**高速リスニング**―**5-Step-Listening**」で学習すると、覚えたことを必要なときに、思い出すことができるようになりますので、「**英語の瞬発力**」を身につけることができます。本書のスピーキング・レッスンのような構文中心のスピーキング練習をすれば、かなり流暢に英語を話すことができるようになります。この高速リスニングが加わった新しい笠原メソッドは、「英語を**英語の語順**で理解する」ことから、「自由自在に英語を操る」ことを可能にします。このメソッドで学ぶことによって、一人でも多くの皆様が、英語を「日本語を介さずに英語で理解し、話している自分」を発見できるように期待しております。

Chapter 3 創造的スピーキング力養成法

【1】文頭の大切さ

「**笠原訳**」の説明の中でも、**文頭の大切さ**を何度か説明しましたが、このChapterでは、文頭をしっかりと把握し、覚えておくことによって、創造的にスピーキング力を養成していく方法をご紹介します。

文頭部分には、英語を理解する上でとても大切な**主語**や**動詞**、**疑問詞**が、また、その文が、肯定文か疑問文なのか、あるいは、否定文なのかなどの大切な情報も含まれています。

一方、私たちが使っている日本語は、そのような文型になっていません。主語は言わないことが多いし、動詞は文末に来ることが多いです。肯定か否定かも、最後まで聞かないとわかりません。私たち日本人は、子どもの頃から、「人の話は最後まで聞きなさい。最後まで聞かないとわからないでしょう」などと言われていますよね。ところが、英米人との会話では、話の途中で割り込んで話しても、話がうまく続くことが多いのです。なぜなら、英語では、結論を先に言っているので、後につけ足される説明を聞いているうちに、途中でも相手の言いたいことがわかってしまうからなのです。英語では、最後に「～でない」という、どんでん返しは起こりにくいのです。

たとえば、「**（私は、）彼がそれをやったんじゃないと思うよ**」という日本語を英語にするとしましょう。この日本語を直訳すれば、① I think he didn't do that. となって、一見問題の無いように見えますが、英語では、結論を先に持ってくることが多いので、② I don't think he did that. と言うほうが自然です。

実は、これこそ日本人が英語を学習する上で、とても大きな障害だと言えます。日本人は、英語を読み・書き・聞き・話すときに、文頭を忘れがちです。これは、日本人の記憶力が悪いというのではなく、前述した言語構造の違いによるものなのです。ですから、②のほうが、ネイティヴ・イングリッシュ・スピーカーには断然わかりやすく一般的な言い方なのですが、この②を聞いて日本人には、"he did that." が印象に残ってしまい、「**あ、彼がやったって言っているよ**」という間違った解釈をしてしまうことが多いのです。

英語では、文頭をしっかりと把握しておくことがいかに大切であるかということを象徴するようなエピソードとして、以前こんなことがありました。私の運営する、バートランゲージスクールのアメリカ人講師から、こんな悩みを打ち明け

られたのです。

「Yoshi（当校の講師は、皆私のことをこう呼びます）、私の生徒のA子のことについてなんだけど、彼女は、とてもインテリで、ヴォキャブラリーも豊富な人なんだけど、彼女は、とても長い文をとってもゆっくりと話すの。だから、聞いている私も、時々彼女の話す文の主語と動詞を忘れてしまって、彼女が今何について話しているかを見失ってしまうことがあるの。そんなわけで、はっきり言って、彼女の英語を直したりするのに、たいへん苦労するの」（当校では、生徒さんに自由に話させて、それを先生が直したり、アドヴァイスをするという時間があります）。

このエピソードから、「たとえ英語のネイティヴ・スピーカーであっても、英語をゆっくり話されたら、主語と動詞を見失ってしまう」ということ、そして、「ネイティヴ・スピーカーであっても文頭を忘れてしまえば、英語が聴き取れない」ということがわかりますね。であれば、そのゆっくり話している日本人が、文頭を見失ってしまっても当然です。

【2】「核心」部分を先に言っておく英語の性格

そもそも英語において、**文頭**が大切なのは、**文頭**には、その文において伝えたいことの**核心**となる要素が入っているからです。英語を話す人は、**文頭**に、結論を持ってくることが圧倒的に多いのです。

英語の思考法では、いつも**核心**の部分を先に言っておいて、あとから説明をつけ足していきます。

たとえば、**郵便物のあて先**についてもそうです。

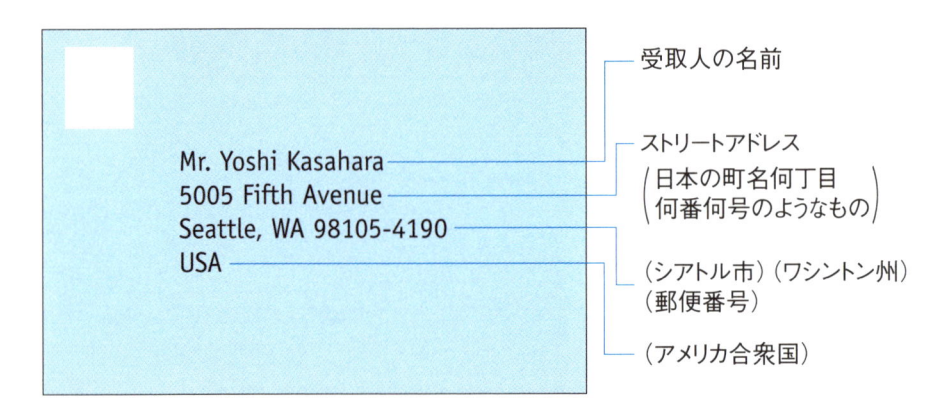

```
Mr. Yoshi Kasahara ────── 受取人の名前
5005 Fifth Avenue ────── ストリートアドレス
                          （日本の町名何丁目
                           何番何号のようなもの）
Seattle, WA 98105-4190 ── （シアトル市）（ワシントン州）
                          （郵便番号）
USA ────────────────── （アメリカ合衆国）
```

この場合、まず、**核心**となるのは、**受取人**、Yoshi Kasaharaです。Yoshiに受け取ってもらわないとだめなのです。だからはじめに来ます。それから、その人は、フィフスアヴェニュー通りの5005番地にいて、それは、シアトル市内にあって、そのシアトル市は、ワシントン州にあって、アメリカにあるというように続きます。

このように、**受取人**という**核心**をまず言っておいて、当然それだけでは、情報不足ですから、そこで不足している情報を次々と足していくという考え方なのです。こう考えると、当然、英語の順番は、日本語のそれとは逆になります。この住所の考え方は、英語の思考法の基本的な考え方をよく表していると私は思います。

【3】文頭を覚えるとは？

文頭を覚えるといっても、「いったいどんなことを覚えていればいいの？」という疑問がわいてくると思います。

文頭とは、その文の**主語**と**動詞**までの部分です。もし、**文頭**に**5W1H**の**疑問詞**がくれば、それも含めて主語と動詞までです。これだけをしっかりと捉えておくことが出来れば、英語を聴く上でも、話す上でも明らかに違ってきます。なぜならば、英語にとって、**主語**と**動詞**がなければ、sentenceにはならないからです。

皆さんは、ある程度日本語を話せるアメリカ人が日本語を話すとき、言わないほうが自然なのに、「それは……」といっているのを聞いたことがありませんか？ このちょっと余計な「**それは**」は、そのアメリカ人にとって、すんなり日本語を話すために必要な言葉です。英語には、主語のない文なんて、命令文しかありませんから、主語を言わないことは、度胸がいるのです。

話を元に戻しますが、実は、主語と動詞までの**文頭**を覚える能力は、普通の日本人とネイティヴ・イングリッシュ・スピーカーとでは、格段に違います。アメリカ人の子どもが何人かいて、その中の一人が"I like candies."（僕は、キャンディーが好きさ）と言ったとします。そうすると、ほかの子たちは、"So do I."（ぼくも）と答えるのが一般的です。また、大人たちの"I haven't heard from David recently."（最近、デービットから知らせを聞いてないな）という言葉に対して、"Neither have I."（僕もだよ）という何気ない受け答えもよくある会話表現ですが、この表現も**文頭**を覚える習慣のない日本人には、結構大変です。

次のような簡単なゲームをしてみるとネイティヴ・スピーカーとノンネイティヴ・スピーカーに、確実な違いを見ることができます。

これは、いつも私の主催するバートの子ども英語クラスでやっていることなのですが、ネイティヴ・スピーカーの先生が、"Can you ride a bicycle?"、"Do you like hamburgers?"、"Are you hungry?"、"Do you like cats?"などと簡単な質問をすばやく混ぜて質問していきます。日本語に訳して意味を取っている子どもたちは、意味を判断して、"Yes."や"No."では答えられるでしょうが、"Yes, I can."、"No, I don't."、"Yes, I am."など、質問の言い出しの形まで考えて、答えなければならないというルールにしたらどうでしょう（私は、**文頭**を覚えておくことが英語をマスターする上で、とても大切であると考えていますので、それと同じように、英語で答えるときにも、なるべく**文頭**を繰り返す訓練をすることを大変重要であると考えています）。そうなると、意味を捉えているだけではなく、**文頭**をしっかり覚えていないと答えられません。"Can you〜？"で聞かれたから、"Yes, I can."や"No, I can't."で答えるという当然のことが、このような発想自体存在しない

日本語を話す日本人の子どもたちには、"Yes."や"No."までは言えても、その後が「**え、なんだったっけ？**」となってしまうことがほとんどです。いつも間違えずに答えられるようになった子どもたちは、相手の言い出しをよく聞いて覚えているということになりますから、英語の思考法が格段に身につきやすくなりますので、バートのキッズクラスでは、このような練習を繰り返し行っています。もちろん、「ネイティヴ・スピーカーが受け答えをするときだって、"Yes."や"No."や"Sure."などだけじゃないか」という反論もあると思いますが、でも、ネイティヴ・スピーカーの子どもたちに、同じゲームをやったら、決して間違えません。できる上で、"Yes."や"No."や"Yeah."などと答えるのと、できないで、そう答えていくのでは、大きな違いがあります。

　このことは、私の主催するバートで、**帰国生対象の帰国子女入試の対策講座**、特に、帰国後英語から遠ざかっていた帰国生に、繰り返しこの訓練をし、相手の質問にセンテンスで答える練習をして、大きな効果をあげていることからも**文頭を覚えておくことの大切さを実感**しています。帰国子女受験をする生徒さんの多くは、帰国後から受験前の段階においては、日本の普通の学校に通っています。ということは、帰国後、英会話学校などに通わなければ、英語に触れることがほとんどありません。帰国前にどれだけ英語を流暢に話していたとしても、帰国後は、日本語onlyの世界に浸っているわけです。そうなると、その子達の英語は、日本語の影響をもろに受け、**英語の語順**（センテンス・ストラクチャー）が崩れてきます。また、英語の言葉が出てくる「**英語の瞬発力**」も衰えてきます。これはしかたのないことですが、多くの帰国子女入試の場合、ネイティヴ・イングリッシュ・スピーカーとのInterview Testがあるため、これらをよみがえらせる訓練が必要になってくるのです。

　バートの帰国子女入試対策では、その子達の英語をよみがえらせ、帰国子女入試に合格するための対策をします。その時の指導の根幹が、ネイティヴ・イングリッシュ・スピーカーの講師による①**英語の語順**（センテンス・ストラクチャー）の再構築と②「**英語の瞬発力**」の養成です。なぜなら、帰国子女入試の外国人面接官は、必ず「**センテンスで答える**」受験生に高いポイントを与えるからです。どんなに面接官の質問内容がわかっていても、質問を聞いて、単語で答えているような生徒が合格する可能性は、ほとんどないと言えます。したがって、この単純な訓練から始めて、想定される質問の答えを自分の英語で、言いたいことを自由に受け答えできるようになるまで練習をしていきます。つまり、文頭を覚え、センテンスで話す練習をすることは、英語でコミュニケーションをとるために、とても大切な訓練であるといえます。

【4】核心となるS+Vを先に言ってから、うまくつけ足していくテクニック

　How long どのくらい長く have you been married? あなたたちは結婚しているのですか？／に答えるとき、日本人のなかには、「え、何年だっけ？」と考えて、何も答えない人がいます。こんなときに、考え込んでいると、相手は、「この人は、私の質問がわからなかったのかな？」と考えて、When いつ？ did you get married? あなたは結婚したのですか？などと質問を変えてきて、なおさら「どうしよう？」混乱をしてしまう日本人が結構います。そんなときは、まず、相手の言ったことを繰り返すように、落ち着いて主語と動詞部分を We've been married, 私たちは結婚しています と言ってから、let me see, ええと (何年か考えます) for ten years. 10年間／　と答えるのもひとつの方法です。

　もちろん様々な答え方がありますが、相手に質問されて、その英語を日本語に訳して、それから答えを考えて、それを英語で言うという作業は、大変時間がかかりますし、その間は、無言になってしまいます。すぐにその答えだけを考えてしまうのは、日本語に訳している証拠かもしれません。同じような例を挙げて見ましょう。

①How long どのくらい長く did it take かかったの？ you あなたに to get 来るのに here? ここへ／
②Why なぜ did you go back あなたは戻ったの？ to the US アメリカに last year? 昨年／

　これらの質問をされたときに、どれもすぐに答えが思い浮かばないとしましょう。そんなときは、

①It took me それはかかったんだ a very long time, とっても長く well, ええと maybe 多分 over two hours. 2時間超かな／ There was an accident そこには事故があって on the way 途中で here, ここへの that's why... それで…／
②I went back 私は戻ったよ to the US アメリカに last year 去年 because なぜなら my sister was getting married. 私の妹が結婚したから／

という具合に話していけばいいのです。
　このように、**文頭**をしっかり把握すると言うことは、英語をものにする上で、

欠かすことのできない**大事な要素**だと言えます。つまり、英語を聴くときも、話すときも、その話の**核心**は何なのか？　言い換えれば、何が**目的**なのか？　ということをいつもしっかりと把握しておくことが絶対に必要です。

英語を話すときには、まず、この**核心**となる**Ｓ＋Ｖ**　を先に言っておいて、そうすると当然出てくる疑問に対する答えを次々と足して説明していきましょう。

【5】核心から自由に拡げていくスピーキング法

核心となる**Ｓ＋Ｖ**に続けて話す練習をしてみましょう。たとえば、ひとつのゲームとして、**I saw** 私は見た　という核心をもとに情報を足していきましょう。

ここで少し時間をとって、この**I saw** 私は見た　という**Ｓ＋Ｖ**に、想像力を自由に使って情報を足してみましょう。

それでは、まず私からやってみます。

① **I saw** 私は見た **a movie** 映画を **last night.** 昨夜 ／
② **I saw** 私は見た **Tom** トムを **at the restaurant,** そのレストランで **and** そして **he was** 彼はいた **with a girl.** 女の子と一緒に ／
③ **I saw** 私は見た **many police officers** たくさんの警察官を **in Shibuya** 渋谷で **last night.** 昨夜 ／
④ **I saw** 私は見た **a big accident** 大きな事故を **on Sunset Boulevard** サンセット通りで **last week.** 先週 ／
⑤ **I saw** 私は会った **Rick,** リックに **and** そして **we went** 私たちは行った **for a drink.** 飲みに ／

どうでしたか？　同じ、**I saw** 私は見た　という**核心**が決められてしまっていても、日本語と同じように、いろいろと会話を展開していけますね！ 展開の仕方が、英語と日本語とでは違うだけなのですから。皆さんもぜひ、**核心となるＳ＋Ｖを先に決めて、後にくっつけていく練習**をしてみてください。英会話上達の大切な鍵のひとつは、Ｓ＋Ｖの後に、情報をつけ足せるか？なのです。

学校で学んだ文法、「**関係代名詞**」「**関係副詞**」「**不定詞**」「**動名詞**」「**現在分詞**」「**過去分詞**」などはみな、どうやって後に情報を足していくのか、そのくっつけ方のテクニックを教えてくれていると言えます。ただ、それを学校では、たくさんの「～用法」といった数学のように公式化をして、かつ、普段あまり使わないような文例を使って教えているから、わかりにくいだけなのです。

それでは、もう少し練習をしてみましょう。

① I like から自由につけ足してください。
Ex1)
I like 私は好きです cats ねこが because なぜなら they are very independent. 彼らはとても独立しているからです ／

Ex2)
I like 私は好きです animals 動物が because なぜなら they are honest. 彼らは正直だからです ／

② I went から自由につけ足してください。
Ex1)
Last Friday, 先週の金曜日に I went 私は行きました to the restaurant そのレストランへ where そしてそこには I used to go 私はよく行きました when I was a college student, 私が大学生だった頃 but it was closed でも、それは閉まっていました because なぜなら it was Boxing Day. その日は、ボクシングデイ（クリスマスの次の日）だったからです ／

Ex2)
I went shopping 私は買い物に行きました in Beverly Hills ビバリーヒルズに to buy 買うために a present プレゼントを for my girlfriend, 私のガールフレンドに but しかし I couldn't find 私は見つけることが出来ませんでした a good thing よい物を for her. 彼女に ／

③ My girlfriend and I met から自由につけ足してください。
Ex1)
My girlfriend and I met 私の恋人と私は出会いました at a high school prom 高校のダンスパーティーで when we were high school students. 私たちが高校生のとき ／ When we met, 私たちが出会ったとき we were not impressed 私たちは印象を受けませんでした with each other お互いに so much, それほどは but somehow, しかし、なんとなく we started 私たちは始めました dating. 付き合うことを ／

Ex2)
My girlfriend and I met 私の恋人と私は出会いました at the university cafeteria 大学のカフェテリアで when both 両方が of us 私たちの were university students. 大学生だったときに ／ At that time, そのときに we both guessed 私たちは二人とも思いました that we would start dating 私たちが付き合うようになるだろうと very soon. とてもすぐに ／

　いかがですか。英語は**核心**の後に、補足説明をしていっているということがわかってきたと思います。「**それはわかったけど、どうやってくっつけていくか、いまひとつわからない**」という人、心配御無用です。

【6】核心の後のつけ足しは、5W1H方式で！

　核心につけ足していくコツは、前述したように、**核心**となる**S＋V**を言った後で、**5W1H**すなわち、**誰に？　どこで？　誰と？　なんで？　何を？　いつ？　どうやって？　どんな状態に？**　を自問自答しながら必要な情報をつけ足していきます。この**誰に？　何を？**　には、特に順番というものはありません。たとえば、**I bought** 私は買いました というS＋Vがあるとすれば、何を買ったのかが言いたければ、**a summer dress** ワンピースを　となります。誰に買ったのかをつけ足したければ、**for her** 彼女に と続ければいいのです。また、何を買ったのかよりも、彼女に買ったというのを先に言いたければ、**I bought** 私は買いました **her** 彼女に **a summer dress.** ワンピースを ／と言えばいいのです。

　ちなみに、**いつ？　どこで？**　は、通常、**文末**か**文頭**に来ます。**誰と？　どうやって？**　は、with〜やby〜ですので、**I went** 私は行きました **with him.** 彼と ／ **I went** 私は行きました **by bus.** バスで ／といった言い方になります。

　このように、自分の英語力に合わせて、無理せずに、知っている単語を使って、つけ足してみてください。細かい間違いは、気にすることはありません。このような練習をして、言葉が自由に出てくるのを実感できたら、この方法で、自分自身で新しく学んだ構文・ストラクチャーを自由にスピーキングできるようになるまで、練習していきましょう。このとき、新しく学んだ構文をつけ足す言葉のガイドとして使ってみましょう。日頃から、この方法で練習することによって、皆さんのスピーキング力は飛躍的に高まるはずです。

　この**核心**から拡げていく方法は大変有効ですが、先に言いたい日本語があるとそれに左右されがちです。したがって、先に日本語があっても、決して、文をパズルのように考えるのではなく、言い出しを決めたら、ただ単にそれに文節ごと

に英語を付け足していくように考えると英語力は伸びます。

　ところで、読者の皆さんの中には、どうやって**核心**となる言い出しを決めたらいいのだろう、という疑問を持つ人も多いのではないかと思います。同時に、英語を話したいけれど話せない、というときに、言いたい日本語があって、それを英語にしたいけれど出来ない、ということが多いのではないかと思います。日本語というのは、往々にして主語と動詞があいまいであるということが、その理由として、挙げられると思います。たとえば、「**先週観た映画の中にとても美しいシーンがあった**」という内容を英語で言いたい、とします。

①日本語では主語は書いていない（言わない）ことが多く、動詞は最後にくるという性質を利用します。まず、「**主語が動詞する**」という**主語**と**動詞**を探します。これがあれば、英語にしやすい日本語です。上記の日本語には、主語は見当たりませんが、「**あった**」という**動詞**はあります。これがヒントです。この日本語から、言い出しは、There was がよさそうだということがわかります。

　　　　　　　　　　　　　何が？　　　　　　　　　　　　　　　　　　　　どこに？
There was（そこには）ありました **a very beautiful scene** とても美しいシーンが

　　　　　　　　　　　　　　　　　　　　　　　　　いつ？
in the movie その映画の中に（that）（そしてそれを）**I saw** 私は見た **last week.** 先週／

　ちなみに、**とても美しいシーン**を a picturesque scene　**絵のように美しいシーン**とできれば、もっといいですね。

②もともと主語は言わない日本語が多いので、その言葉が書かれた context（バックグランド）から想像して主語と考えなくてはいけません。つまり、ある程度自由に**主語**と**動詞**を考え、時には、合いそうな**主語**と**動詞**を勝手に作ってしまうことも必要です。

　　　　　　　　　　　何を？　　　　　　　　　　　　　　　　　　　　　どこに？
I found 私は見つけました **a really beautiful poem** とても美しい詩を **in the book**

その本の中に（that）（そしてそれを）**I was reading.** 私が読んでいた／

　このように、まずは、文の中心となる主語と動詞を決めて、この文頭から拡げていく練習をすることをお勧めします。皆さんのスピーキングに創造性がプラスされ、まさに自由自在に英語を操る大きな助けになります。

Chapter 4 発音習得法

【1】発音上達法

　英語を聴き取れなかったときに、「**もっとゆっくり言ってもらえば、聴き取れるのにー！**」と思う人も多いでしょう。しかしネイティヴ・スピーカーたちは、もともと、カタカナ英語のようには発音してないので、たとえゆっくり言ってもらっても、期待したように、はっきりと聞こえるわけではありません。

　いったい日本語と英語では、発音はどのように違うのでしょうか？　この2つの言語の発音の根本的な違いをしっかりとわきまえて発音することが、英語の発音上達の鍵であると私は考えています。

　この根本的な違いとは、実は、①**日本語と英語では、子音の発音が全く異なる**、②**英語では、アクセントがとても大事である**、のたった2つです。そこで、笠原メソッドでは、これら2つのことに焦点を当てて、皆さんの発音を矯正していきます。

【2】発音習得法①　子音の発音 "Don't add extra vowels!"

　皆さんは、学校の英語の授業で比較級を作るとき、3シラブル以上の単語は"more"をつけると習ったことがあるのを覚えていますか？　英語では、母音の発音1つを含む音の長さのことを**1シラブル**といいます。1シラブルで大体、4分音符1個分位と考えてください。音楽の時間にやったように4分音符は、「タン」と手拍子一回分です。

　そうすると、たとえば、saladは母音が2つですから、2シラブルで発音します。カタカナの「サラダ」は、ローマ字で書くとsaradaと3シラブルになってしまいます。もともとsaradのdにはaがついていません。このsaladは、短い単語ですが、長い単語たとえば、interestingではどうでしょう？　カタカナでは、インタラスティングと8シラブルですが、英語では、4シラブルです。このように、これは、「8シラブルで発音される単語である」と思っているところ、聞いてみたら、いきなり4シラブルで発音されたら「速すぎる！」と思っても仕方ありませんよね。

　どうしてこのようなことが起こってくるのでしょうか？　日本語の50音は、カタカナやひらがな1文字で書き表せるものは、すべて同じ長さで発音します。このことは、スピーチの原稿を書くときのことを考えると、その違いがはっきりし

ます。日本語では、400字詰め原稿用紙で何枚などと言いますが、アメリカでは、word（単語）数で測ります。英語は、アルファベットの文字数で、音の長さが決まるなんていうことはありません。母音と子音の長さ、アクセントのある母音などによって違ってくるからです。

　このように日本語では、仮名文字数でその単語の音の長さが決まってきます。母音の「あ、い、う、え、お」以外の日本語では子音とされている仮名である「さ」「た」や「か」などその他すべての音は、ローマ字にしてみればわかるように、子音と母音がくっついて1文字の音を構成しているので、1文字の音の長さがすべて同じになってくるのです。たとえば、日本語の「サ」は、ローマ字で書くとSAとなって、子音のSプラス母音のAになっているのがわかります。生まれたときから、このような発音に慣れている日本人は、子音には母音がつくことが当たり前になっていて、母音のつかない状態を知りません。そこで、英語では、子音に母音が必ずしもつくわけでないことを知っておく必要があるのです。特に、語尾の子音には要注意です。たとえば、Rickなら、語尾の「K」を「KU」と発音しないように気をつけなくてはなりません。

【3】発音習得法②　アクセントは伸ばす！

　前述のように日本語は、1文字ずつ同じ長さで発音されますので、アクセントのようなリズムの抑揚がありません。しかし、英語を母国語とするネイティヴ・イングリッシュ・スピーカーには、このリズムの抑揚がないと、なんともわかりにくい言葉になってしまいます。

　日本人は、学校英語で、「アクセントは、強く発音する」と習っていますから、アクセントマークのついている音を強く発音してみたり、強く聞こえさせるために、短く発音しています。これでは、はっきり言って逆効果です。「**アクセントは伸ばす！**」ことによって、初めて英語らしい、通じる発音になるのです（笠原メソッドでは、やむを得ずカタカナで発音を表記する場合、伸ばす音には音引き（―）を、そして短く添えるように発音する音は、（　）でくくって表記します）。

　たとえば、pianoは、「ピ・ア・ノ」と発音しただけではだめなんです。「でも、3シラブルだからいいんじゃない？」と思う人がいるかもしれませんね。でも、英語は、シラブルだけではないのです。アクセントのあるaを伸ばして、「**ピアーノ**」と大胆にいえれば、パーフェクトです。windy city「風が吹き荒れる都市」として有名なChicagoも「シ・カ・ゴ」ではなくて、アクセントのaを伸ばして「**シカーゴ**」と発音するほうがよっぽど英語らしいのです。日本人の名前にしても、「や・ま・だ」というより、「ヤマーダ」といったほうが、ネイティヴ・イングリ

ッシュ・スピーカーには、ずっとわかりやすいのです。

　英語を話すときには、「なんにでもアクセントの抑揚をつけてしまう」というような感覚が大切なのです。ここで大切なことは、「**アクセントは、子音にはつかない**」。そして、何よりも「**アクセントのついている母音は、必ず伸ばして発音する**」ということです。

　また、アクセントを伸ばして発音するようになると、日本人の癖である「本来存在しないはずの母音を子音につける」発音をしづらくなり、前述の「日本人は、シラブル数が増えてしまう」という問題も改善されやすくなります。すなわち、「**アクセントのある母音を伸ばすことにより、子音とアクセントの置かれない母音であるそれ以外の音を相対的に短く発音するようになる**」ということです。

　例えば、単語"salad"（2シラブルの単語）は、カタカナで「サ・ラ・ダ」と発音すれば、前述のように、語尾のDにAをつけてシラブル数を増やして「SARADA」と通じない発音になってしまいます。そうはいっても、子音に母音をつけずに発音することは日本人にとってけっこう難しいものです。そこで、アクセントのあるSAのAを伸ばして「サー」と発音し、saladを「サール（ドゥ）」と発音することにより、逆に、語尾の「D」に余計な母音を付けにくくなり、結果として、通じる英語らしい発音になります。また、通常、アクセントのある音を伸ばしすぎたとしても、通じる英語らしい発音であることになんら変わりはありません。

　このアクセントを伸ばすについては、面白いエピソードがあります。「**新笠原メソッド**」の特許は、日本のほかにも海外に申請されたのですが、まだ、この特許がオーストラリアで審査中だった頃（現在は、特許として認定されています）、私の弁理士の先生のオーストラリアの代理人にオーストラリアの特許審査官から私の特許についていくつかの質問が送られてきました。それぞれの質問にお答えしていったのですが、その際、「**このアクセントの理論は検証の結果、新規性があり正しい理論なので質問はない。言い換えれば、今すぐにでもこの部分は特許に成り得るであろう**」という意味のコメントをいただきました。この理論は、ネイティヴ・イングリッシュ・スピーカーの審査員に同意していただいた理論であると言えます。また、私の主催するバートランゲージスクールの教員たちにも研修の際にこの理論を説明し、生徒さんの発音指導に役立てています。当校の教員たちからも「大変有効である」と評判です。ですから、みなさんも安心して実行してみてください。

　それでは、少し発音練習をしてみましょう。
①Mc Donald's
　これは、日本語では、「マクドナルド」と発音しますが、そのまま言っては、ネイティヴ・イングリッシュ・スピーカーには、全く通じません。この単語、母

音は、Mcの間に、aかiがあると考えて、全部で3個ですので、3シラブルで発音すべき単語です。しかし、カタカナ英語では、「マクドナルド」と6シラブルです。そこで、シラブルの数を守って発音するようにすると「**マ（ク）・ダ・ナウズ**」となります。さらに、アクセントを伸ばして発音するようにすると、「**マ（ク）・ダーナゥ（ズ）**」となり、これで、通じる正しい英語となります。

②Donald Duck

　これは、日本語で、「ドナルドダック」ですが、またまたこれでは、ぜんぜん通じません。日本語では、6シラブルあるものですが、母音はo,a,uの3つですから、3シラブル、そして、アクセントを伸ばして、「**ダーナ（ウドゥ）・ダー（ク）**」と発音します。

【4】通じるWHの発音

　皆さん、"what"はどう発音しますか？　多くの日本人が、「ファット」と発音しているのを聞きます。それでは、"fat"「デブ」です。"why"は「ホワイ」ですか？　それでは、Hawaii「ハワイ」になっちゃいます。"white"は、「ホワイト」ですか？　これらは、全部だめです。日本の学校英語で教えていた"wh"で始まる単語の発音は、ひどすぎます。"wh"で始まる単語は、"whole"を除いて、"h"は、発音しません。そして、"w"は、日本語の「ウ」よりも出だしが弾けるような強い音ですので、「ゥワ」と発音してください。

what（何）　　　：「ファット」ではなく⇒「ゥワ（ット）」
why（なぜ）　　：「ホワイ」⇒「ゥワー（イ）」
where（どこ）　：⇒「ゥウェア」
when（いつ）　：⇒「ゥウェン」
which（どちら）：⇒「ゥウィッチ」
whole（全体の）：⇒「ホーゥ（ル）」発音は、"hole"「穴」と同じ（この単語だけ、"wh"の"w"を発音しません）。

【5】Magic E

　発音をよりネイティヴ・イングリッシュ・スピーカーらしくする上で、このPhonics「発音とつづり」を押さえておいてください。必ず役に立ちます。ネイティヴ・イングリッシュ・スピーカーたちも子どもの頃、学校で習います。「語尾がeで終わる単語の場合、そのeの前のシラブル（母音のこと）は、長い母音で

発音し、語尾のeは発音しない」という**Magic E の法則**を覚えておきましょう。

① cap「キャッ（プ）」に Magic E をつけると⇒cape「ケー（プ）」（「カペ」ではない）
② cut「カッ（ト）」に Magic E をつけると⇒cute「キュー（ト）」（「クテ」ではない）
③ pet「ペッ（ト）」に Magic E をつけると⇒pete「ピー（ト）」（「ペテ」ではない）
④ pin「ピン」に Magic E をつけると⇒pine「パイ（ン）」（「ピネ」ではない）
⑤ phone「フォー（ン）」（「フォネ」ではない）
⑥ time「タイ（ム）」（「ティメ」ではない）
⑦ like「ライ（ク）」（「リケ」ではない）
⑧ line「ライ（ン）」（「リネ」ではない）
⑨ violin「ヴァイアリ（ン）」（Magic E がないので、「ヴァイアライ（ン）」とはならない）

PART 2
ハンズ オン
トレーニング編

PART2 ハンズ オン トレーニング編の効果的な学習法

　「ハンズ オン トレーニング編」は、Lesson 1からLesson 12までで構成されています。それぞれのレッスンには、1ストーリーリスニングと2スピーキングレッスンの2つの主な柱があります。
　また、付属のCDには、「高速リスニング─5-Step-Listening」で、Lesson 1からLesson 9までのストーリーリスニングの内容とLesson 10、Lesson 12のストーリーリスニングのなかで、特に重要なダイアローグを厳選して収録しています（CDに収録した箇所には、CDマークがついています）。

1　ストーリーリスニング

　イラストがある場合はイラストを見ながら、それぞれの学習テーマごとに、CDを聴いてみましょう。このとき、リスニング力を高めるために、まずはストーリーの英文や「笠原訳」を見ないで聴いてみてください。ファーストステップ（英語のみ）では聴き取れなかったり、理解できないところがあるかもしれませんが、それは想定済みです。全然気にすることはありません。セカンドステップで「笠原訳」を聴いて、ファーストステップで理解できなかったところを理解してください。笠原訳では、英語の意味を表す日本語がすぐ後に出てきますので、通常の意訳とは違い、よく理解できると思います。
　さあ、次が高速リスニング（サードステップ、フォースステップ）です。初めは「速すぎる！」と思うかもしれません。しかし、この高速リスニングに必死についていくことによって、皆さんに高度な集中力がもたらされるのです。高速リスニングをする目的は、今リスニングしている生の英語をそのまま、笠原訳とともに、あなたの脳にインプットすることにあります。これによって、高速リスニングした英語から英語の思考法、新しいボキャブラリーなどがどんどん身についていくのです。ここまで、高速スピードについてきた人は、フィフスステップがとてもゆっくり聞こえてくることでしょう。でも、これは、ファーストステップと同じ内容、同じスピードなのです。

2　スピーキングレッスン

　スピーキングレッスンでは、言いたいことを英語の語順で言えるようになる練習をします。まずは言いたい日本語の内容を頭に思い浮かべて、それを英語でどのように言えばいいのかを、日本語→英語の順で示しています。
　笠原訳のルールを身につけて、英語の語順をしっかりとマスターしてください。

EX）
「彼はピアノを弾きます」──────── 英語で言いたい日本語の内容

➡ 彼は弾きます → He plays　ピアノを→the piano.
　　　　日本語→英語　　　　　　　日本語→英語

Lesson 1

日常生活でよく使われる動詞・動詞句

What does your routine consist of?

英 会話上達には、何より日常よく使われる動詞を多く知っていることが大切です。なぜなら、英語を話す場合、動詞が言えなければ、言い出しからつかえてしまって、思うようには言えませんし、聞く場合でも、動詞がわからなければ、その後は何を聞いてもほぼ無駄になってしまうからです。

　シアトル在住のカップルの私生活をラジオのインタビュー番組を通して、日常よく使われる動詞・動詞句をマスターしましょう。このレッスンでは、必要なときに適切な動詞が口をついて出てくるようになることが目標です！

Jim's everyday life According to Lucy
Wakes up
At work
Dinner

ストーリーに登場する動詞・動詞句

①get up ②brush one's teeth ③shave ④take a shower ⑤go back to… ⑥get dressed ⑦put on ⑧go downstairs ⑨make some coffee (for 人) ⑩bring ⑪have breakfast ⑫eat cereal ⑬drink 飲み物 ⑭like ⑮listen to music ⑯read the newspaper ⑰leave home ⑱kiss me ⑲drive to work (go to work, go to school, go to church…) ⑳arrive at work ㉑work ㉒get home ㉓have dinner ㉔watch TV ㉕fall asleep ㉖snore ㉗doze off ㉘go to bed ㉙go out ㉚eat out ㉛go to the gym ㉜like doing exercise ㉝go driving

1 ストーリーリスニング Radio interview

【登場人物】
A … Susan
B … Lucy

A Thank you ありがとうございます for listening 聴いてくださって to our program, 私たちの番組を and this is our feature これが私たちの番組です called 呼ばれています "Seattle People". 「シアトルピープル」と ／ Today, 今日は we'll meet 私たちは会います a typical resident 典型的な住民に of Seattle. シアトルの ／ Our guest is Lucy Marie 私たちのゲストはルーシー・マリーです and she's a home-maker. そして彼女は主婦です ／
Welcome ようこそ to "Seattle People", 「シアトルピープル」へ Lucy. ルーシー ／ Nice 光栄です to have 迎えることは you あなたを with us. 我々とともに ／

B Thank you. ありがとうございます ／ It's nice それは光栄です to be いることは here. ここに ／

A Tell 教えてください us 私たちに a little bit ほんの少し about your life あなたの生活について each day. 毎日の ／ What 何から？ does your routine consist of? あなたの日課は成り立っているのですか ／

B Well, ええと let me 私にさせて tell 言うことを you あなたに about my husband's everyday life, 私の夫の毎日の生活について because なぜなら it will be more interesting それはもっと面白いでしょうから to you. あなたには ／

A So, それじゃ do you know あなたは知っているのですか？ your husband's life? あなたのご主人の生活を ／

B　You bet! もちろんです！／ My husband's name is Jim. 私の夫の名前はジムです／ He's thirty seven years old, 彼は37歳です and そして is a publisher. 出版業をしています／ He usually gets up 彼は普段起きます at seven o'clock. 7時に ／ After that, その後で he brushes 彼は磨きます his teeth, 彼の歯を shaves, ひげを剃ります takes 浴びます a shower, シャワーを then それから goes back 彼は戻ります to the bed room 寝室に and そして gets dressed. 洋服を着ます ／ I mean 私は意味しています he puts on 彼は身に着けます socks, 靴下を a shirt, シャツを a tie, ネクタイを a suit and shoes. スーツと靴を ／ Next, 次に he goes 彼は行きます downstairs, 下の階に goes 行きます into the kitchen, キッチンの中へ and makes そして作ります some coffee. コーヒーを ／ He brings 彼は持ってきます a cup of coffee 一杯のコーヒーを upstairs 上の階に to me, 私のところに then そして we go 私たちは行きます downstairs 下の階へ together. 一緒に ／ There そこで we have 私たちは食べます breakfast; 朝食を actually, 実は we always eat 私たちはいつも食べます cereal, シリアルを and drink そして飲みます orange juice. オレンジジュースを ／ I like 私は好きです to listen 聴くのが to music 音楽を in the morning 朝に while he reads 彼が読んでいる間に the newspaper. 新聞を ／ He leaves 彼は発ちます home 家を at a quarter 15分に after eight. 8時を過ぎて （→8時15分に）／ He always kisses 彼はいつもキスをします me 私に good-bye. グッバイの ／

A　Always? いつも？ ／

B　Well, うーん almost always. 大体いつもです ／ Then それから he drives 彼は運転します to work, 仕事へ and arrives そして着きます at work 職場に at a quarter 15分に to nine. 9時へ向かって （→8時45分に） ／ He works 彼は働きます from nine 9時から in the morning

Lesson 1　日常生活でよく使われる動詞・助動詞

午前の until five 5時まで in the evening. 夕方の ／ He gets 彼は着きます home 家に at around half 半ごろ past six, 6時過ぎの and of course そしてもちろん kisses キスします me 私に hello. ただいまの ／ We usually have 私たちは普段食べます dinner 夕食を at seven thirty. 7時30分に ／ In the evening, 晩には we watch 私たちは見ます television, テレビを and sometimes そして時々 fall 落ちます asleep 眠りに on the sofa. ソファーで ／ It's actually annoying sometimes, それは実は困るのです。時々 because なぜなら he snores 彼がいびきをかくからです while he's dozing off. 彼がうとうと居眠りをしているときに ／ We usually go 私たちは普段行きます to bed ベッドへ（→床につきます） at eleven thirty. 11時30分に ／ This is our usual day! これが私たちの普段の一日です ／

A All right. はいどーも ／ I understand 私はわかりました your everyday life. あなた方の毎日の生活が ／ Do you ever go out あなたたちは時には出かけますか？ for dinner? 夕食に ／

B We eat out 私たちは外食します almost every Saturday night. ほとんど毎土曜の夜に ／

A Oh, really? え、ほんとに？ ／ That's nice. それはよいですね ／ What 何を？ do you do あなたはしますか in your spare time? あなたの余暇の時間に ／ Let's see. ええと ／ What 何を？ do you do あなたはしますか on Sundays? 日曜日に ／

B Well, ええと sometimes 時々 we go 私たちは行きます to the gym. スポーツクラブへ ／ We like 私たちは好きです doing exercise. 運動をすることが ／ We also go 私たちはまた行きます driving ドライブにも on Sundays 日曜日に occasionally. たまには ／

A	How often どのぐらいよく？ do you go あなたたちは行きますか driving? ドライブに ／
B	Once 1度 a month, 月に I guess. 多分 ／
A	Thank you so much どうもありがとうございます for being いてくれて with us, 私たちとともに Mrs. Lucy Marie. ルーシー・マリーさん ／ It's been nice よかったです talking お話しできて with you. あなたと ／
B	You, too. わたしも（あなたとお話しできてよかった）です ／

2 覚えて使おう

Check this out!

日常生活の重要動詞

① watch... on TV …をテレビで見る
② call up 電話をかける
③ turn left 左に曲がる
④ turn right 右に曲がる
⑤ clean the window 窓を掃除する
⑥ clean up the mess 散らかしたものを掃除する
⑦ sweep the floor 床を掃く
⑧ sweep up the mess 散らかしたものを掃く
⑨ make some tea for... …にお茶を淹れる
⑩ answer the door ドア口に出る
⑪ answer the phone 電話に出る
⑫ turn on the radio ラジオをつける
⑬ turn off the TV テレビを消す
⑭ turn up the volume ヴォリュームをあげる
⑮ take a walk 散歩をする
⑯ walk one's dog 犬の散歩をする
⑰ take a nap 昼寝をする
⑱ take a bath お風呂に入る
⑲ take a shower シャワーを浴びる
⑳ drive a car 車を運転する
㉑ take an English course 英語のコースを取る
㉒ paint the walls 壁を塗る
㉓ fill up the bottle with... …でボトルを満たす
㉔ get along with... …と仲良くする
㉕ get back from... …から帰る
㉖ get into... …に乗る（自動車など）
㉗ get out of... …から降りる（自動車など）
㉘ get off... …から降りる(バス、飛行機、電車など)
㉙ get on... …に乗る(バス、飛行機、電車など)
㉚ get over... 乗り越える、回復する
㉛ go / get through with... …を終える
㉜ be through with... …を終えている
㉝ give back 返す
㉞ give up 〜ing 〜をやめる、あきらめる
㉟ grow up 大人になる、（草木を）育てる
㊱ look out 気をつける
㊲ pay back 払い戻す、お返しをする
㊳ put away かたづける、しまう
㊴ run out of.... …がなくなる
㊵ shut off スィッチを消す
㊶ take off 脱ぐ、離陸する
㊷ tear down 取り壊す
㊸ tear up 粉々に破る
㊹ throw away 捨てる
㊺ watch out 気をつける
㊻ put on 身につける
㊼ try on 試着する
㊽ bring back 返却する
㊾ pick out 選ぶ＝choose
㊿ take back 取り消す、撤回する

Check this out!

Socializing（社交上の）重要語句

① go out for dinner 夕食を食べに出かける
② go out for lunch 昼食を食べに出かける　③ eat out 外食する
④ go out 遊ぶ、出かける　　　　　　　　　⑤ go skiing スキーに行く
⑥ go dancing 踊りに行く　　　　　　　　　⑦ go shopping 買い物に行く
⑧ see a movie 映画を見に行く　　　　　　 ⑨ ask out デートに誘う
⑩ make up 作り上げる
⑪ pick up つまみあげる、車で迎えに行く　⑫ put down おろす、落ち込ませる
⑬ run into... 偶然ばったり会う（bump into...）
⑭ get dressed 身につける、身支度をする　⑮ wear 着る
⑯ convince ～ of...　～に…を納得させる　⑰ tear off 切り取る、分離する
⑱ look up 調べる　　　　　　　　　　　　⑲ leave out 抜かす、はずす
⑳ drop in on （人を）立ち寄る　　　　　　㉑ keep on 続ける

新 笠原メソッド 素朴な疑問 Q&A ①

Q せっかく英単語を覚えても、すぐに忘れてしまいます。5-Step-Listeningは、英単語などを覚えるのにも有効ですか？

A もちろん有効です。5-Step-Listeningでは、英語を理解するステップの後に、高速で聴くステップがあります。理解したものを高速で記憶することによって、記憶する効率を高めることが出来るのです。人間の脳は、高速で記憶しようとするとき、普段の何倍もの集中力を必要とします。また、速いスピードに一生懸命ついていこうとしているので、ほかのことを考える余裕がなくなり、結果的に、現在学習していることのみに集中するという状態を生み出します。したがって、5-Step-Listeningの高速のパートを学習することは、集中力を高め、あなたの脳に英語の語順、発音、英単語などを一度に全てインプットすることになります。

また、記憶したことは、思い出すことが出来てはじめて使えます。せっかく覚えた英単語をなかなか思い出せないのでは、何のために覚えたのかわかりません。特に英会話では、とっさに受け答えをしないと会話が成立しないので、後から考えて「あー、そうだった！」という程度の記憶では、意味がありません。すなわち英会話では、必要な単語などは、全て反射的に思い出せなくてはならないのです。言い換えれば、「思い出す瞬発力」が必要になってくるわけです。

5-Step-Listeningは、ステップ1と2で「理解」⇒ステップ3と4で「高速で記憶」⇒ステップ5で「高速で記憶の確認（すなわち「想起」）する」という効果的な記憶のステップを全て含んでいますので、英単語を記憶するのにも大変有効です。

Lesson 2

時制を征服

We used to go out for dinner on the weekend.

　このLessonでは、ヴァンクーバーに留学している学生から、彼女のボーイフレンドへ宛てた手紙を取り上げます。手紙の中で、昔の思い出のレストランを語るときには、"used to" を使って、「昔、よく行ったわね」と言い、今の学生生活に慣れていることは "be used to" を使って言っています。この2つの構文は似ていますが、実は、意味がぜんぜん違います。

　また、「今、レストランに座っているの」というときには現在進行形、「あなたからずっと便りがない」というときには現在完了形、「ずっとあなたがどうしているのかと思っているの」というときには現在完了進行形というように、この短いストーリーの中で、時制が感覚的に身につけられるようにできています。

"Life is almost perfect except you're not here!"

1 ストーリーリスニング

Dear Daniel,

How are you? お元気ですか？ / I've been wondering 私は疑問に思っているわ how you are, あなたがどうしているのかを because なぜなら I haven't heard 私は聞いていない from you あなたから for a couple of weeks, ２週間も and I felt そして私は感じたの that 次のことを you were a bit distant あなたが少し距離を置いていることを（→少しよそよそしいように）in the last letter この間の手紙で you wrote あなたが書いてくれた me. 私に /
At the moment, 今このとき I am sitting 私は座っています in a nice restaurant よいレストランに in the harbor ハーバー沿いの in Vancouver. ヴァンクーバーの / It is nine thirty 時刻は９時半です in the evening 夜の and the sun is just beginning to set. そして、太陽はたった今、沈みかけているところなの / Do you remember あなたは覚えているかしら？ that 次のことを we used to go 私たちがよく出かけたことを for dinner 夕食に at the same restaurant いつも同じレストランに every weekend 毎週末に when we were university students? 私たちが大学生だったときに / This restaurant has このレストランは持っているの a similar atmosphere 似ている雰囲気を to the one それと we used to go to. 私たちがよく行った /
My school is fine, 私の学校はうまく行っているわ and そして I'm used to 私は慣れたわ it それに now. 今 / I've been learning 私は勉強しているわ a lot たくさん since I got 私が来て以来 here. ここに / Life is almost perfect 生活はほとんど完璧だわ except that you are not あなたがいないのを除いて here. ここに / I hope 私は望んでいます you can come あなたが来られることを to see 会いに me 私に during the summer holidays. この夏休み中に /
I'm looking forward 私は楽しみにしています to hearing 便りがあることを from you あなたから soon. すぐに /

Love always, 愛をいつも Michelle ミシェルより

2 スピーキングレッスン

時制を使いこなすために、8つのスピーキングテクニックをご紹介します。与えられた日本語を笠原訳の区切りごとに英語にしていく練習をしましょう！

【1】 現在形と現在進行形を使ったスピーキング

現在進行形は、今現在起こっていることを表現するのに対して、現在形は、習慣的なことについて表現するときに使います。したがって、現在形は、always（いつも）、usually（普段）、often（よく）などの習慣の頻度を表す副詞と一緒に使われることが多くなります。

よく使われる習慣の頻度を表す副詞
①always（いつも）　②usually（普段）　③often（よく）　④sometimes（時々）　⑤occasionally（たまに）　⑥rarely（めったに〜ない）　⑦seldom（まれに）　⑧never（決してない）　⑨everyday（毎日）　⑩once a week（週1回）　⑪once every three weeks（3週間に1回）　⑫every other week（1週間おきに）

基本
①現在形：「彼はピアノを弾きます」

➡ 彼は弾きます→ He plays　ピアノを→ the piano.／

②現在進行形：「彼はめがねをかけています」

➡ 彼はかけています→ He's wearing　メガネを→ glasses.／

応用
①「彼は、職場ではいつもコンピュータを操作していますが、今は、会社の野球大会で、野球をしています」

➡ 彼はいつも操作しています→ He always operates　コンピュータを→ the computer　職場では→ at work,　しかし今は→ but now,　彼はプレイしています→ he is playing　野球を→ baseball　私たちの会社の野球大会で→ at our company's baseball tournament.／

Lesson 2　時制を征服　77

② 「わが社の社員は、普段、皆、制服を着ているのですが、今日は私服です」

→ 私たちの社員は普段は着ます→Our staff usually wear　制服を→uniforms, しかし彼らは着ています→but they are wearing　私服を→casual clothes　今日は→today.

【2】「〜そう」「〜のようだ」感覚・知覚動詞のスピーキング

　現在形が現在の状況を表す場合は、どのような場合なのでしょうか？ BE動詞や感覚・知覚動詞を使い、その主語の状態を表しているときは現在形で、現在の状況を表します。

① 「あなたは悲しそうに見える」

→ あなたは見える → You look　悲しそうに → sad.

② 「彼は（声が）怒っているようだ」

→ 彼は聞こえる → He sounds　怒って → angry.

③ 「彼女は幸せそうだね」

→ 彼女はらしいね → She seems　幸せな → happy.

④ 「私は図書館にいます」

→ 私はいます→ I'm　図書館に→in the library.

⑤ 「よいにおいがする」

→ それはにおいがする→It smells　よい→ good.

【3】 過去形のスピーキング

　①「昨日、朝食を食べましたか？」は、過去形を使って、Did you eat あなたは食べましたか？ breakfast 朝食を yesterday? 昨日 ／と言いますが、②「もう、お昼ご飯を食べましたか？」は、Have you eaten あなたは食べ終えましたか？ lunch 昼食を yet? もう ／と現在完了形を使います。①のように、過去のある時点を言う場合は、過去形を使いますし、②のように、過去のある時点から現在までの事を言う場合には、現在完了形を使います。

　時制の使い方については、少し難しく感じている人も多いと思いますが、「過去のことだけを言っていたら過去」、「過去から現在までの状態を言っていたら現在完了」と、原則は実にシンプルです。この原則は、今終わったことを言っていようが、自分の経験を言っていようが変わりません。
この原則を頭に入れて、過去形の練習をしてみましょう。

① A：昨日何をしましたか？
　　B：昨日は一日中部屋の掃除をしていました。

　　A ➡ 何を？ → What　あなたはしたのですか → did you do　昨日 → yesterday? ／
　　B ➡ 私は掃除をしました → I cleaned　私のアパートを → my apartment　一日中 → all day　昨日 → yesterday. ／

② A：理科の先生がとても怒っていたけど、どうしたの？
　　B：よくわかんないけど、彼が話しているときに、僕があくびをしただけなんだけど。

　　A ➡ 私たちの理科の先生はとても怒っていた → Our science teacher was very angry. ／ なんで？ → How come? ／
　　B ➡ 私は確かじゃない → I'm not sure,　私はただあくびをした → I just yawned　彼が話している間に → while he was talking. ／

③「ごめんなさい。バスに乗り遅れちゃって。遅れちゃいました」

→ ごめんなさい → I'm sorry　私は乗り遅れました → I missed　バスに → the bus. ／

【4】 未来形のスピーキング

　未来形は、will と be going to の使い方の違いを知っておくことが大事です。「今すると決めたこと」には、will を使います。たとえば、「誰か〜をやってほしいのだけど」といわれて、「うん、僕がやるよ」というときは、OK, I'll do that. と will を使います。

　一方、「前から計画していて、未来にするようなこと」には、be going to を使います。たとえば、次の①と②は、そのような違いを身につけていただくための練習です。また、お母さんに「部屋の掃除をしなさい！」と言われて、いやいやながら、「後でやっておくよ！」というときは、I'll do that later! と will を使います。

① A：ケリーが今週末にパーティーをやるって知ってる？
　 B：ううん、知らないな。
　 A：君は行くかい？
　 B：うん、行くよ。

　 A→ 君は知っていますか？ → Do you know　ケリーが持つことを → Kelly is going to have　パーティーを → a party　今週末に → this weekend? ／
　 B→ いいえ、私は知りません → No, I don't. ／
　 A→ あなたは行きますか？ → Will you go? ／
　 B→ うん、私は行くよ → Yes, I will. ／

② A：ケリーが今週末にパーティーをやるって知ってる？
　 B：うん、知ってるよ。行くつもりだよ。

　 A→ 君は知っていますか？ → Do you know　ケリーが持つことを → Kelly is going to have　パーティーを → a party　今週末に → this weekend? ／
　 B→ はい、知っています → Yes, I do,　そして → and　私は行くつもりです → I'm going　それに → to it. ／

③「彼女のお別れ会をやるんだけど、君も来る？」

→ 私は行きます → I'm going to go　彼女のお別れ会に → to her farewell party.／あなたも来ますか？ → Are you coming?／

動詞の使い方です。パーティーなどのイベントで、「自分たちも行くんだけど君も来る？」と聞くときはcomeを使い、「パーティーなどのイベントがあるんだけど君は行く？」というときは、goを使います。

【5】neverの現在形と現在完了形の違いを区別したスピーキング

①「僕は、全然コーヒーを飲みません」

→ 私はぜんぜん飲みません → I never drink　コーヒーを → coffee.／（現在形なので、「かつては飲んだことがあるかも知れないけれど今は飲まない」の意）

②「私は、コーヒーを飲んだことがありません」

→ 私は一度も飲んだことがありません → I have never drunk　コーヒーを→ coffee.／（現在完了形）

【6】used to ＋動詞の原型「（かつては）よく～したものだ」と過去形との違いを理解したスピーキング

used toが、過去を表すのだったら、ただの過去形との違いはどうなるのでしょうか？

①「私は、高校のころゴルフをしました」

→ 私はプレイした → I played　ゴルフを → golf　私が高校生だったときに → when I was a high school student.／（ゴルフを一度だけだったかもしれないし、何回もやったかもしれない）

Lesson 2　時制を征服

② 「私は、高校のころよくゴルフをしました」

→ 私はよくプレイした → I used to play　ゴルフを → golf　私が高校生だったときに → when I was a high school student.　／（ゴルフを何度もよくやったと明言している）

③ 「私たちは、大学生のころよくダンスに行ったわね」

→ 私たちはよく行ったわね → We used to go　ダンスをしに → dancing　私たちが大学生だったころ → when we were university students.　／

[7] used to と be used to：形にごまかされず、しっかりと区別してスピーキング

① used to ＋動詞の原型：「（かつては）よく～したものだ」

「私は高校時代、よくピアノの練習をとても一生懸命しました」

→ 私は（よく）練習したものだ → I used to practice　ピアノを → the piano　とても一生懸命に → very hard　私が高校生だったころに → when I was a high school student.　／

② be used to ＋名詞、代名詞、または、動名詞：「～に慣れている」

「私は、長い間にぎやかな街に住んでいますので、今となっては、騒々しいところにいるのには、慣れています」

→ 私は住み続けています → I've lived　にぎやかな街（近所）に → in a busy neighborhood　長い間 → for a long time,　それで今は → so now　私は慣れています → I am used　いることに → to being　騒々しいところに → in a noisy place.　／

【8】 現在完了形のスピーキング

① 「君の日本語はすごくいいじゃない。日本に住んでどのくらいになるの？」

➡ うん、君の日本語はすごくいいね → Oh, your Japanese is really good. ／ どのくらい長く？ → How long 　君は住んでいるの → have you been living 　日本に → in Japan? ／

② 「君たちは知り合って、どのくらいになるの？」

➡ どのくらい長く？ → How long 　君たちは知っているの → have you known 　お互いに → each other? ／

③ 「夕食にカレーを作ったんだよね。でも、ジェニファーは今晩、カレーを食べないと思うよ。彼女は今日の昼食にカレーを食べちゃったから」

➡ 私は知っている → I know 　あなたが料理したのを → you cooked 　カレーを → curry 　夕食に → for dinner, 　しかし → but 　私は思わない → I don't think 　ジェニファーが食べるとは → Jennifer is going to eat 　それを → it 　今晩 → this evening, 　なぜなら → because 　彼女はすでに食べちゃったから → she has already eaten 　カレーを → curry 　今日 → today. ／ 実は → Actually, 　彼女は食べた → she ate 　それを → it 　ランチに → for lunch 　今日 → today. ／

Lesson 2　時制を征服　　83

新 笠原メソッド 素朴な疑問 Q&A ②

Q 効果的なリーディングの方法を教えてください。

A 私が薦めるリーディング法は、「音読」と「パラグラフ・リーディング」です。

　まず、「音読」ですが、なぜ声に出して読むことがいいのでしょうか？　英語学習の本などには、「音読は、速く読むためにはマイナスである」などと書かれているものがありますが、私からするとそれは疑問です。

　音読をすると、当然声に出して読んでいきますから、英文を前に戻って理解しようとすると、音読を途中でやめなくてはいけません。ということは、音読をしていれば、決して英文を前に戻って読むことはないし、視線は、左から右にしか動くことはありません。

　実は、本書もそのようなことを考えて、英語と「笠原訳」を交互に並べて、視線が必ず左から右にいくように書かれています。小さなことですが、これが大きな効果を生むのです。英語の思考をスムーズに身につけるには、英語の語順で瞬時に理解していくことが重要になりますので、とにかく、視線を左から右に動かして、音読をするようにしましょう。

　しかし、「発音をすることに意識がいってしまって、意味まで考えられない」、「もし、音読しているときに、意味が途中でわからなくなってきたらどうしたらいいのか？」という疑問がわき上がってくると思います。

　ひとつ目の疑問については、何度か繰り返せば慣れてきますので、とにかく練習してください、とお答えします。

　ふたつ目の疑問は、「パラグラフ・リーディング」で解決できます。わからなくてもまず、そのパラグラフの最後まで読み進めてください。パラグラフの最後まで読んだら、もう一度パラグラフの先頭から読むようにしてください。そうすれば、2回目に読むときには、1回目よりもはるかに音読自体がスムーズにできるはずです。また、わからない単語が出てきたときも、1回目のパラグラフ・リーディングでは、必ず最後まで読んで、その後、単語の意味が推測できるようなら、推測が当たっているかをチェックしながら、辞書を引きましょう。その後で、2回目のパラグラフ・リーディングをします。

　とにかく慣れないうちは、2～3回ぐらいのパラグラフ・リーディングでは、意味を取れないことも多いかもしれませんが、とにかく、わかるまでパラグラフごとに音読してください。もちろん「笠原訳」を使って解釈していくことを忘れずに。

　これが、英語力を飛躍的に向上させる英語の読書法です。

Lesson 3

自己紹介 ～印象的な出会いのために！～

Glad to meet you!

外 国では、お互いにあいさつを交わし、名前を紹介しあってはじめて「会った」と言うことができます。パーティーなどで、何度か友人をはさんで話したりしていても、自己紹介をしていなければ、"By the way, ところで have you guys met? 君たち自己紹介はもうすんだ？" "No, いや I don't think 私は思わない so! そうは " "OK, そうか this is Jane, こちらはジェーン and そして this is Alison. こちらはアリソン" "Nice to meet you... はじめまして、どうぞよろしく…" といった具合に、話していきます。自己紹介のときに話すことは、たいてい決まっていますので、話すことをあらかじめ用意しておくことも必要です。

85

1 ストーリーリスニング 🎧 (20-45)

【場面①】(21-25)

Susan	Hi! こんばんは！／
Pauline	Oh, hi Susan! ああ、こんばんは、スーザン ／ How are you, James? 元気？ ジェームズ ／ Welcome, ようこそ please come in. どうぞ入って ／ Make yourself at home. くつろいでね ／
Susan & James	Thanks! ありがとう ／

【場面②】(26-30)

Susan	Hi, my name is Susan. こんばんは、私の名前はスーザンです ／
Erica	Hello. こんばんは ／ I'm Erica. 私はエリカです ／ Nice to meet you. はじめまして ／
Susan	Nice to meet you, too. こちらこそ、どうぞよろしく Erica, エリカ this is my husband, James. こちらが私の夫のジェームズです ／
James	Glad to meet you. はじめまして、お会いできて光栄です ／
Erica	Pleased to meet you, too. こちらこそ、お会いできてうれしいです ／ I'd like to introduce 私はご紹介したいのです you あなたに to my colleague, Alan Kurt. 私の同僚のアラン・カートを ／ Hi Alan, こんばんは、アラン this is Susan and James Wilson. こちらがスーザン、ジェームズウィルソン夫妻です ／

Alan	How do you do, はじめまして Mr. and Mrs. Wilson? ウィルソン夫妻 ／
Susan	How do you do, Mr. Kurt? はじめまして、カートさん ／

【場面③】 31-35

Patty	Where どこに？ did you say あなたは言いましたか you lived? あなたが住んでいると ／
Laura	In New York. ニューヨークです ／
Patty	Oh yes, that's right. ああ、そう、そうでした ／

【場面④】 36-40

Laura	What 何と？ did you say あなたは言いましたか you did? あなたがしていると ／
Alan	I'm a project manager. 私はプロジェクトマネージャーです ／
Laura	Yes, that's right. はい、そうでしたね ／

【場面⑤】 41-45

Robert	I don't think 私は思いません we've met. 私たちが会ったとは（→自己紹介がまだでしたよね）／ My name is Robert. 私の名前はロバートです ／
Patty	My name is Patty. 私の名前はパティです ／ Nice to meet you, Robert. はじめまして、ロバート ／

Lesson 3　自己紹介 ～印象的な出会いのために！～　　87

2 スピーキングレッスン

[1] 自己紹介とあいさつの表現
(Present tense & Adverbs of frequency)

Practice!

自己紹介、あいさつ、人を紹介するときの表現を練習してみましょう。

① 「お元気ですか？（調子はどう？／元気？）」

 Ex1)→ お元気ですか？ → How are you? ／
 Ex2)→ お元気ですか？ → How are you doing? ／（少しCasualな表現）

② 「私は元気です」（How are you? ／ How are you doing? などに対して）

 Ex1)→ 私は元気です → I'm fine, ありがとう → thank you. ／
 Ex2)→ 私は元気です → I'm good, thank you. ／

③ 「まあまあ！」（How are you? ／ How are you doing? などに対して）

 → 私はまあまあです → I'm okay. ／

So-soをあまり使いすぎるのは、日本人ぽい！

④ 「あなたは？」

 → How about you? ／ What about you? ／ And you?

⑤ 「元気だった？」（しばらく会っていないときに）

 → How have you been?

⑥「元気だったよ」（しばらく会っていないときに）

→ I've been fine.

⑦「私の名前はスーザンです」

→ My name is Susan. ／ I'm Susan.

⑧「はじめまして、どうぞよろしく！」

→ （それは）いいです → (It's) Nice　あなたに会えて → to meet you.

⑨「はじめまして。お目にかかれて光栄です」
（どうぞよろしくお願いいたしますの意）

→ （わたしは）うれしいです →(I'm) Glad　あなたに会えて → to meet you.

Nice to meet you. / Glad to meet you. / Pleased to meet you.は、「お会いできてよかったです。よろしくお願いします」といった意味合いなので、初めてあった日は、別れる際にも、"Nice to meet you."は有効です。2度目以降に会ったときには"Nice to see you again."とseeを使うのが正しい言い方です。"Nice to meet you."は、初めて会ったその日中使えると思ってください。

⑩「夫のジェームスです」

→ This is my husband, James.

⑪「同僚のアラン・カートをご紹介したいのですが」

→ 私は紹介したい → I'd like to introduce　あなたに → you　私の同僚のアラン・カートを → to my colleague, Alan Kurt. ／

Lesson 3　自己紹介 〜印象的な出会いのために！〜

⑫「私のルームメイトのピーターに会ってみて」

➡ 会ってください → Please meet　私のルームメイトのピーターに → my roommate, Peter.／

⑬「私たち、まだ自己紹介してなかったですよね」

➡ 私は思いません → I don't think　私たちが会ったとは（＝自己紹介をすませているとは）→ we've met.／

このセンテンスだけを見ると、「私たちまだ会っていなかったんじゃない？」という意味になるのですが、日本語と英語では、「会う」という概念が少し違います。アメリカでは、会うということは、少なくとも自分の名前ぐらいは、お互いに名乗っていることを意味します。したがって、お互いにまだ、お互いの名前などを言うまでは、「会った」ことにはならないのです。だから日本語で、「さっき、ちょっとだけ会ったよね」なんていう場合は、I saw you, but we haven't met yet.となって、そこから自己紹介を始めて、知り合いになるわけです。

⑭「ご職業は何をしていますか？／どんなお仕事をされているのですか？」

➡ 何を？→ What　あなたは（仕事として）していますか → do you do?／

このセンテンスの意味するところは、「（普段、主に）何をしていますか？」です。英会話に慣れていない人は、よくRight now? I'm speaking English.などと答えてしまいがちです。それは、What なにを？　are you doing? あなたは今しているのですか／に対する答えです。
　What do you do? は、相手の職業について聞くときに使う表現です。したがって、答えとしては、I'm a teacher. 私は先生です／ I'm a student. 私は学生です／ I'm an administrative assistant. 私は秘書です／ I'm a shop clerk. 私は店員です／が、適当な表現です。

⑮「余暇をどう過ごしていますか？」

Ex1)➡ 何を？ → What　あなたはしていますか → do you do　自由な時間に → in your free time?／
Ex2)➡ 何を？ → What　あなたはしていますか → do you do　余暇に → in your spare time?／

⑯「ご出身はどちらですか？」

➡ Where are you from?／Where do you come from?／

出身地については、必ず現在形を使うようにしなければなりません。たとえば、Where do you come from? を Where did you come from?　と言うと、「（今日、ここへ来る前は）どこから来たの？」という意味になってしまうので、覚えておきましょう。

⑰「お住まいはどちらですか？」

➡ どこに？ → Where　あなたは住んでいますか → do you live?／

⑱「一番好きな食べ物は何ですか？」

➡ 何ですか？ → What's　あなたの一番好きな食べ物は → your favorite food?／

[2] 前に聞いたことを忘れてしまったとき、聞き取れなかったときの聞き直しの仕方

「あれっ？　彼はどこに住んでいるって言っていたっけ？」などというときに、便利な表現です。パーティーではいろいろな人と会いますので、一度聞いたことでも、とかく忘れがちです。一度、どこに住んでいるのかを聞いた人に、面と向かって、「どこに住んでいますか？」"Where do you live?" と聞くよりも、「どこに住んでいるって言っていましたっけ？」"Where did you say you lived?" と聞くほうが、だんぜん印象がよいわけです。

この場合は間接疑問文で、時制の一致を伴う表現になります。このように聞く

とややこしい感じがするかもしれませんが、過去に何と言っていたのかを聞くので、その聞いた内容も過去形にすればよいのです！

また、間接疑問文の従属節は、疑問文の語順になりません。「僕がどこ出身だと思う？」"Where do you think I'm from?" のI'm fromが、肯定文の語順になっているのと同じです。詳しくは、116ページを読んでください。

間接疑問文の時制の一致

この語順に注意

Where did you say you lived ?

過去形 → ここも過去にする

Practice!

聞き直しの仕方の練習をしてみましょう。

① 「あなたのご職業は何とおっしゃっていましたでしょうか？」

→ 何と？→What　あなたは言いましたか→did you say　あなたがしていると→you did?

② 「彼はどこに住んでいると言っていましたっけ？」

→ どこに？→Where　彼は言いましたか→did he say　彼が住んでいると→he lived?

③ 「あなたのお名前は何とおっしゃいましたっけ？」

→ 何と？→What　あなたは言いましたか→did you say　あなたのお名前を→your name was?

Lesson 4

パーソナリティー形容詞

What's our new boss like?

このレッスンでは、会社の人事異動があって新しい上司が配属され、仲のいい同僚と新しい上司はどんな人なのかを話しているという場面です。

彼らの上司がどんな人であるかを説明しているところは、まさにこのレッスンのテーマであるパーソナリティー形容詞の出番になります。彼らがどのように新しい上司、前の上司、そして、新しい秘書を説明しているのか、じっくりと聞いてみてください。

What's our new boss like?

Friendly

Patient

open-minded

1 ストーリーリスニング

【登場人物】
A: Kelly
B: Lucy
C: David

A Have you met あなたは会った？ our new boss 私たちの新しい上司に yet? もう ／ I mean 私が言っているのは the new sales manager. 新しい営業部長のことよ ／

B Yes, I have. ええ、会ったわ ／

A What's he like? 彼はどんな人？ ／

B Well, ええと I met 私は会ったわ him 彼に only once, たった一回 but だけど he seems very nice. 彼はとてもよさそうだった ／ I think 私は思う he's very friendly, patient and very open-minded. 彼はフレンドリーで、辛抱強く、そして視野が広いと ／

A Why 何で？ do you think あなたは思うの so? そのように ／

B You know あなたは知っている？ the big conference その大きな会議を last week? 先週の ／ I met 私は会ったの him 彼に when we were preparing 私たちが準備をしているときに for it, それのために、and そして he was gently talking 彼は親切に話しかけていた to all his staff. 彼のスタッフ全員に ／ He's also very funny, 彼はまたとても面白いの because なぜなら he was making 彼は言っていた many jokes. たくさんの冗談を ／ Hi David, ハーイ、デビッド what 何て？ do you think あなたは思う of our new boss, 私たちの新しい上司を the new sales manager? 新しい営業部長を ／ You also met あなたも会った him, 彼に right? でしょう？ ／

94

C Yeah. ああ / He's very nice. 彼はとってもいいよ / I think 僕は思うね he's very sociable, intelligent and generous. 彼は、社交的で、頭がよく、そして気前がいいと / After the meeting, その会議の後で he took 彼は連れて行ってくれたんだ us 僕たちを to dinner, 夕食に and said そして言った "It's my treat!" 「これは僕のおごりさ」/

B That's not fair. それって不公平よ / But だけど he must be much better 彼はずっといいに違いないわ than our old boss. 私たちの前の上司より / He was bad-tempered, prejudiced, stubborn and forgetful. 彼は、怒りっぽくて、偏見が強くて、頑固で、そして忘れっぽかったわ / He didn't even remember 彼は覚えてさえいなかったのよ my name! 私の名前を /

A Let's not talk 話すのはよしましょう about him. 彼のことは / I actually met 私は実は会ったの his new administrative assistant. 彼の新しい秘書に /

B Oh, Really! えっ、ほんと！/ Is she the new employee 彼女ってあの新入社員？ who's blonde and wears そしてその人は金髪でかけている？ glasses? メガネを / How's she? 彼女ってどう？ /

A Actually, 実際のところ she's very serious, reliable and polite. 彼女は、まじめで、信頼できて、そして丁寧よ / She's very organized. 彼女はてきぱきしているわ /

Lesson 4　パーソナリティー形容詞

2 スピーキングレッスン

【1】 パーソナリティーのたずね方・表現方法

外見（appearance）「彼／彼女って（見た目は）どう？」に対する答え方

「彼／彼女って（見た目は）どう？」→ What does he / she look like? と聞きますので、返答は、次のようになります。

① 「彼は青い目をしています」

→ 彼は持っています → He has　青い目を → blue eyes.

② 「彼女は金髪です」

→ 彼女は持っています → She has　ブロンドの髪を → blonde hair.

③ 「彼女は細いです」

→ 彼女はスリムです → She's slim.

④ 「彼は中肉です」

→ 彼は平均的な体格です → He's average build.

⑤ 「彼女はメガネをかけています」

→ 彼女は（普段）かけています → She wears　メガネを → glasses.

性格（personality）「彼／彼女ってどんな人？」に対する答え方

彼はどんな人？ → What's he like?／～さんはどんな人？ → What's ～さん like?／に答えるとき、パーソナリティー表現が必要になります。通常、主語（人）＋BE動詞＋パーソナリティー形容詞で表します。

Ex)
A: What's she like?
B: She is reliable.
　　　　　└ パーソナリティー形容詞

PART 2 ハンズ オン トレーニング編

Practice!

パーソナル表現の練習をしてみましょう。

① 「彼は親切です」 ➡ He's kind.

② 「彼女は創造的です」 ➡ She's creative.

③ 「彼は社交的です」 ➡ He's sociable.

④ 「彼は外交的です」 ➡ He's outgoing.

⑤ 「彼女は頭がいいです」 ➡ She's intelligent.

⑥ 「彼女は金遣いが荒い」 ➡ She's extravagant.

Lesson 4 パーソナリティー形容詞

【2】 パーソナリティー形容詞 ベスト30

このように、パーソナリティーを表現するには、パーソナリティー形容詞を覚えておくことが何よりも大切です。特に、以下のパーソナリティー形容詞は、どれも会話によく使われるものなので、知っているだけで、英会話が盛り上がること請け合いです。

Check this out!

① easygoing お気楽な　　　② punctual 時間に正確な　　③ reliable 信頼できる
④ sociable 社交的な　　　　⑤ generous 気前がいい
⑥ moody 情緒が不安定な（気分が変わりやすい）　　⑦ patient 我慢強い
⑧ emotional 感情的な　　　⑨ optimistic 前向きな ポジティブな
⑩ pessimistic 悲観的な　　 ⑪ forgetful 忘れっぽい　　⑫ funny おかしな
⑬ polite 丁寧な　　　　　　⑭ serious まじめな　　　　⑮ shy 内気な
⑯ smart 頭のいい　　　　　⑰ intelligent 知的な
⑱ extravagant 金遣いの荒い ⑲ short-tempered 短気な
⑳ bad-tempered 怒りっぽい ㉑ creative 創造的な　　　㉒ talkative 話し好きな
㉓ helpful 助けになる　　　 ㉔ trustworthy 信頼できる　㉕ hardworking 勤勉な
㉖ bossy 横柄な（いつも命令ばっかり）　　　　　　 ㉗ arrogant 横柄な
㉘ stingy けちな　　　　　　㉙ modest 控えめな　　　　㉚ frugal 地味で倹約家な

Lesson 5

コンディショナル表現（仮定法）

I'd buy a holiday house in Spain.

　私の主宰するバートランゲージスクールでは、現在形、過去形、未来形、完了形とひと通り時制を学んできた後に、コンディショナル表現（いわゆる仮定法）を学ぶようにしています。なぜなら、仮定法の時制は、現実の時制と少し異なっているからです。

　このレッスンではそのコンディショナル表現の中でも、「現実にないことをあると仮定する」仮定法過去（unreal conditionals）を取り上げていきます。

　現実にないことをあると仮定するストーリーとして、宝くじに当選した人の新聞記事を読んだ、MartinとAngelaというある男女が空想した「もし〜だったら、どうする？」というファンタジーの世界を覗いてみましょう。Martinは、Angelaはどうするのでしょう？　想像するだけでもおもしろいですね。ストーリーに集中するだけで、難しいといわれている仮定法過去が身につくことでしょう！

What if you won the lottery?

I would …

Martin　　　　　　　　　　　　　　Angela

1 ストーリーリスニング

【登場人物】
A ····· Martin
B ····· Angela

A Did you read 読んだ？ this article この記事を in the newspaper, 新聞の Angela? アンジェラ／ There's a story そこには話が載っている about a man 一人の男について who has just won その人はつい最近当てた three million dollars 300万ドルを in the lottery. 宝くじで／ You know, あのさ I often buy 僕もよく買うんだ a ticket. 宝くじを／ How come 何で？ I never choose 僕はぜんぜん選ばないだろう the winning number? あたり番号を／

B Well, うーん I don't know, わかんないわ but でも what 何を？ would you do あなたはする if you won もしも、あなたが当たったら three million dollars 300万ドルが in the lottery? 宝くじで／

A Well, ええと let させて me 僕に see, 考えることを、first まず I'd quit 僕は辞めるね my boring job 僕の退屈な仕事を at the trading company. 貿易商社での／ Then, それから you know, あのね I'd buy 僕は買うね a holiday house 別荘を in Spain スペインに and live そして住むね there そこで happily 幸せに for the rest 残りの時を of my life. 僕の人生の／ Well, ええと and you know, そして、あのさ I've always wanted to be 僕はずっとなりたかったんだ a painter, 画家に so それで I would have 僕は持つだろうな my own studio 僕自身のアトリエを in the house. その家の中に／ Then それで I could make 僕は作れるだろうな a lot of money たくさんのお金を from my paintings. 自分自身の絵で／

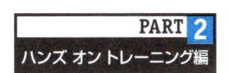

B Is that all? それで終わり？ / Don't you think あなたは思わないの？ that you would still be bored? あなたがまだ退屈だとは / In that case, その場合 I mean, 私が言いたいのは if I won もし私が当たったら the lottery, 宝くじに I would want 私は望むでしょうね to be なること を rich and famous. お金持ちでかつ有名に / By the way, ところで I don't think 私は思わないわ three million dollars 300万ドルが would be big 大きいとは enough 十分に for me 私にとって if I became もしも私がなるのだとしたら a celebrity. 有名人に / So, それで、 I'd go 私だったら行くでしょう and gamble そして賭けるでしょう my winnings 私の賞金を at the casinos カジノで in Las Vegas. ラスベガスにある / You know, あのね I'm very good 私はとても得意なの at blackjack. ブラックジャックが / I bet 私は賭けるわ I could double 私が2倍に出来ると it それを or または even triple 3倍にさえ it それを in just one night. たった一夜にして /

A I bet 僕は賭けるね you would lose 君が失うであろうと it それを all 全部 in one day. 一日で /

B You never know. （それはどうだか、）決してわからないわ /

I bet〜（〜と断言するよ）のbetは「賭ける」という意味で、上記の笠原訳では、「賭ける」と訳してありますが、意味としては、お金を賭けてもいいぐらい「断言するよ」ということです。また、betはほかにも、You bet! と言った場合、Of course!（もちろん！）の意味で使われます。

2 スピーキングレッスン

　このストーリーからもわかるように、「もし…だったら〜するのに」という表現『仮定法過去（Unreal Conditionals）』は、日常会話でとても有効な表現です。
　言うまでもなく、この表現を使うときのポイントは、「現実にはないことを、もしあったら」と仮定していうところにあります。重要なことは、動詞の時制が、本当にあったときのことを言っている通常の時制とは違ってくることです。

What would you do if you won three million dollars in the lottery?
　　　助動詞の時制も過去形になる　　動詞の時制が過去形になる

If I won the lottery, I would want to be rich and famous.
　　動詞の時制が過去形になる　　助動詞の時制も過去形になる

Check!

『仮定法過去（Unreal Conditionals）』の表現のストラクチャー
「もし…だったら〜するのに」
➡ もし…だったら → if＋動詞の過去形、〜するのに → 〜would となります。後半の「…するのに」を、「〜できるのに」とするときは、wouldの代わりにcouldを使います。

Check!

仮定法過去の実際の使い方を確認してみましょう。

①友達にアドヴァイスをするとき、たとえば友人から、ガールフレンドとけんかをしているという相談があって、「意地なんか張ってないで、電話したほうがいいよ」というときに、仮定法を使って表現します。

「僕が君だったら、今すぐ彼女に電話するよ」

→ 電話するのに → I would call　彼女に → her　今 → now,　もし僕が君だったら → if I were you.

②あるいは、買い物に行って、「これ、買おうと思うけどどう思う？」と聞かれて、ダイレクトに「よくないんじゃない？」というよりも、「僕なら買わないだろうね」と仮定法を使って言うほうが、アドヴァイスの仕方としてはマイルドで、よい方法といえます。

「僕なら買わないだろうね」

Ex1)→ 私は買わないだろうね → I wouldn't buy　それを → it.
Ex2)→ 私は買わないだろうね → I wouldn't buy　それを → it,　もしも私があなただったら → if I were you.

③趣味でやっているようなことについて「あなたは、とてもよい写真家だね」と言われて、「そんなことないよ」と謙遜するときに、仮定法を使って表現するのも自然な表現です。

「そんなことないよ」

Ex1)→ 私は言わないのに → I wouldn't say　そのようには → that.
Ex2)→ 私は言わないのに → I wouldn't say　そのようには → that　もしも私があなただったら → if I were you.

Practice!

仮定法過去の練習をしてみましょう！

① 「もし今、車を持っていたら、ドライヴに行くだろうな」

→ もしも私が持っていたら → If I had　自動車を → a car　私はドライヴに行くだろうに → I would go driving.

② 「僕だったらその車、買わないよ」

→ 私だったら買わないよ → I wouldn't buy　その車を → the car.

③ 「あのさ、海外に休暇で出かけていて、お金を全てなくしたらどうする？」

→ あのさ → Say,　何を？ → what　あなたはしますか → would you do　もしもあなたが休暇中で → if you were on vacation　海外で → overseas　なくしたとしたら → and lost　あなたの全てのお金を → all your money?

④ 「もしも、私が宝くじに当たったら、世界中を旅行するでしょう」

→ 私はたぶん旅行するでしょう → I'd probably travel　世界中を → all over the world　もしも私が当たったら → if I won　たくさんのお金を → a lot of money　宝くじに → in the lottery.

Lesson 6

フィーリング表現

I was exhausted!

　このレッスンのストーリーは、仕事で疲れて家に帰った女性が、悪夢にうなされてしまうというお話です。彼女の夢の出来事を通して、フィーリング表現の仕方をマスターしましょう。

　フィーリング表現のポイントは、フィーリングストラクチャー（フィーリング表現に使われる構文）と、そのボキャブラリーであるフィーリング形容詞（感情を表す形容詞）をしっかりとマスターすることです。

1 ストーリーリスニング

【登場人物】
A ... Sandra
B ... Lucas

A You know, あのね I had 私は持ったの a really strange dream ほんとに変な夢を last night. 昨夜 /

B Oh, really? え、ほんとうに？ / What was it about? 何についてだった？それは /

A It's a bit too complicated それは少し複雑過ぎるわ to explain, 説明するのに but だけど just before ほんのちょっと前 I went to bed, 私が寝る I felt annoyed 私は悩まされたの with the noise 騒音に from next door, 隣からの and I was also exhausted 私はまた、疲れてもいたわ because なぜなら I worked 私は働いた really hard ほんとに一生懸命 yesterday. 昨日 / I remember 私は覚えているわ that 次のことを I wasn't feeling relaxed 私が落ち着いていなかったのを at the time. その時 / Since I was so tired, 私はとても疲れていたので I fell asleep 私は眠りについたの very quickly. とっても早く / That was good but, それはよかったんだけど the dream was definitely a nightmare... その夢は間違いなく悪夢だったわ…… / When I woke up 私が起きたとき this morning, 今朝 I was shaky 私は震えていたわ and feeling really nervous. そしてとっても緊張していたわ / I'm OK 私は大丈夫 now, 今は but だけど could you tell 話してくれない？ me 私に a story 話を or または something 何かを that will make それがする me 私を feel relieved and happy? 安心で幸せを感じさせる / Oh, ああ by the way, ところで you seem strong-minded and optimistic, あなたは意志が強く前向きなように見えるけど when いつが？ was the last time 最後だった you felt あなたが感じた nervous? 緊張して / Do you ever feel nervous? あなたは時には緊張する？（→あなたは緊張することがある？）/

106

2 スピーキングレッスン

　フィーリング表現を身につけるポイントは、フィーリングストラクチャーとフィーリング（感情）形容詞のボキャブラリーです。しっかりとマスターしてください。

【1】 フィーリングストラクチャー（フィーリング表現の構文）

　フィーリング表現は、次の（A）、（B）の構文で言い表すことができます。すごくシンプルな構文です。

Check this out!

(A) 主語が～（な気分）

1. 主語 ＋ BE動詞 ＋ フィーリングを表す語 ＝「～（な気分）だ」
2. 主語 ＋ become ＋ フィーリングを表す語 ＝「～（な気分）になる」
3. 主語 ＋ feel ＋ フィーリングを表す語 ＝「～（な気分）だ」
4. 主語 ＋ get ＋ フィーリングを表す語 ＝「～（な気分）なる」
5. 主語 ＋ look ＋ フィーリングを表す語 ＝「～（な気分）に見える」
6. 主語 ＋ seem ＋ フィーリングを表す語 ＝「～（な気分）のようだ」
7. 主語 ＋ sound ＋ フィーリングを表す語 ＝「～（な気分）のように聞こえる」

Practice!

上記のストラクチャーを使って、センテンスを作る練習をしてみましょう。

① 「あなたの健康をとても心配しています」

　➡ あのね → You know, 私はとっても心配しているんだ → I am very concerned あなたの健康を → about your health. ／

Lesson 6　フィーリング表現

② 「昨夜、遅くまで起きていたので、今はとっても眠いです」

➡ 私は遅くまで起きていたから → Because I stayed up late　昨夜 → last night,　私はとても眠い → I'm very sleepy　今 → now.

③ 「彼は、電話をくれたとき、疲れているようでしたよ」

➡ 彼は疲れているように聞こえました → He sounded tired　彼が電話をしてきたときに → when he called　私に → me.

Check this out!

(B) 主語が…を～（な気分）にする

1. 主語 + make + ～を（目的語） + フィーリングを表す語

Practice!

このストラクチャー（構文）を使ってスピーキング練習をしてみましょう！

① 「彼はそのパーティーで私を怒らせようとしたんですよ」

➡ 彼はしました → He made　私を → me　怒らせるように → mad　そのパーティーで → at the party.

② 「彼の提案は、私を幸せにしてくれました」

➡ 彼の提案はしました → His proposal made　私を → me　幸せに → happy.

【2】フィーリング形容詞

Check this out!

フィーリング表現に必要なボキャブラリーを身につけよう！

① exhausted とっても疲れ果てて　② hot 暑い　③ cold 寒い
④ fine よい　⑤ hungry おなかがすいて　⑥ starving 飢えている
⑦ thirsty のどが渇いて　⑧ full おなかいっぱい　⑨ sick 病気で
⑩ pale 青ざめて　⑪ satisfied 満足して with... …に
⑫ ill 病気で　⑬ sad 悲しい　⑭ glad 嬉しい
⑮ excited 楽しみにして　⑯ ecstatic とても楽しみにして　⑰ afraid 恐れて
⑱ upset あわてて　⑲ angry 怒って　⑳ annoyed 悩んで
㉑ ashamed 恥ずかしく　㉒ embarrassed 恥ずかしく　㉓ bored 退屈して
㉔ confused 混乱して　㉕ disappointed がっかりして　㉖ depressed おちこんで
㉗ disgusted うんざりして　㉘ frustrated くやしい　㉙ frightened 驚いた
㉚ unhappy 不幸な　㉛ pleased 嬉しい at... …が　㉜ proud 誇らしく of... …を
㉝ shocked ショックを受けた by... …に
㉞ surprised びっくりした at... …に
㉟ mad 感情的に怒った at... …を　㊱ sympathize 同情している／同情する with... …に
㊲ worried 心配して about... …を

使い方に注意したいフィーリング形容詞

(1) ⑰のafraidの使い方には、「恐れている」と「恐れ入りますが」の2つの意味があります。

「私は、蛇が怖いです」

➡ 私は恐れています→I'm afraid　蛇を→of snakes.

「申し訳ございませんが、彼はここにはいません」

➡ 申し訳ございませんが→I'm afraid　彼はここにはいません→he's not here.

Lesson 6　フィーリング表現　109

(2)「いいなあ」と「うらやましい」の違い

　envy、enviousは、「いいなあ」という意味ですが、jealousは、「相手が羨ましくて少し憎らしい」という意味に使われます。また、envyは動詞で使われることが多いので、I envy you.（いいなぁ）と言うのが一般的ですが、enviousと形容詞で使われることもあります。その時は、be envious ofの形になります。

　jealousは、いつも形容詞で使われて、be jealous ofの形になります。

「いいなあ！」

　Ex1)→ 私はいいなあと思う→I'm envious　あなたを→of you.　／

　Ex2)→ 私はいいなあと思う→I envy　あなたを→you.　／

「うらやましい！」

　→ 私はうらやむ→I'm jealous　あなたを→of you.　／

　また、他にも、「いいなあ！」に近い表現として次の表現も覚えておくといいでしょう。

「よかったね！」

　Ex1)→ Good for you! よかったね！（アメリカンイングリッシュっぽい言い方）

　Ex2)→ Good on you! よかったね！（ブリティッシュイングリッシュっぽい言い方）

「ついていたね！」

　→ Lucky you!

(3)「恥ずかしい」の言い方

　「恥ずかしい」というといつもashamedを使っている日本人を見かけますが、「(道義上)恥ずかしい」場合は、ashamedを使い、人前で転んでしまい「(顔を赤らめるような)恥ずかしい」場合には、embarrassedを使います。

(4)「面倒くさい」の言い方

　It's troublesome.とtroublesomeを使う日本人を多く見かけますが、ネイティブ・スピーカーは、It's a pain in the neck.と言います。

Check this out!

　感情表現とは直接関係ありませんが、ストーリーの中で「それは、どんな夢だったの？」と聞くときに、What was 何だった？ the dream about? その夢については／と聞いています。この What is …about? の構文も、もう決まり文句と言ってよいほどよく使われます。観た映画やビデオなどについて説明するのに便利ですね。

「その映画は、どんなストーリーでしたか？」

➡ 何ですか？ → What is　その映画については→ the movie about?／

A：その物語は、どんなお話でしたか？

B：それは、第2次世界大戦中に恋に落ちた男女の話です

　A:➡ 何ですか？ → What is　その物語ついては→ the story about?／

　B:➡ それは男と女についてです → It is about a man and a woman　その人たちは恋に落ちました →who fell in love　第2次世界大戦中に → during World War II.／

Lesson 7

間接疑問文

Could you tell me where Lenora Street is?

　英語では、どんな言い方が丁寧な言い方なのでしょうか？　たとえば、5番街がどこにあるのかをたずねる場合を考えてみましょう。

　みなさんが、素直に思いつく英語は、"Where is Fifth Avenue?"（5番街はどこにありますか？）ではないでしょうか。しかし、言い方によってこの表現は、ネイティブ・スピーカーには、少しぶっきらぼうに聞こえることがあります。

　こうたずねる代わりに、"Do you know where Fifth Avenue is?"（5番街がどこにあるか、ご存じですか？）あるいは、"Could you tell me where Fifth Avenue is?"（5番街がどこにあるのか、教えていただけませんか？）などと間接疑問文を使ってたずねると、ずっと丁寧な言い方になります。

　英語では、このように遠回しに聞くのが丁寧な言い方なのです。間接疑問文は、丁寧に聞くときの潤滑油だといえるでしょう。そんな間接疑問文の特徴は、ひとつの文の中にS+Vが2つ出てくることです。

Could you tell me where the bus stop is?

1 ストーリーリスニング

【登場人物】
A Lucy
B Police officer

A Excuse me, officer. すみません、おまわりさん／Could you tell 教えていただけませんか？ me 私に how often どれだけ頻繁に the number 3 bus comes? 3番バスが来るのかを／

B It comes それは来ます every 30 minutes. 30分毎に／I think 私は思います you just missed あなたはたった今逃したと it. それを／The next one is coming 次のは来るでしょう in half an hour. 30分後に／

A Oh, no! ええ、困ったわ／Well, それじゃ actually, 実は I have to go 私は行かないといけません to Quincy's クインシーズに by half past 30分過ぎまでに eleven, 11時の and you know, そして、あのね it's それはあります on Jefferson Street. ジェファソン通りに／I don't think 私は思いません I'll be able to make it 私が間に合うであろうとは by then, その時迄に if I wait もしも私が待ったら for the next bus. 次のバスを／Do you know あなたはご存じですか？ other bus lines 他のバス路線を which go その路線が行く to the restaurant? そのレストランに／

B Yes, I do. はい、知っていますよ／There's そこにはあります another bus line もうひとつのバス路線が which goes その路線は行きます there, そこに but しかし the bus stop isn't そのバス停はありません on this street. この通りに／It's それはあります on Lenora Street. レノーラ通りに／

114

A   Then, それじゃ could you tell 教えていただけませんか？ me 私に where どこに Lenora Street is? レノーラ通りがあるかを ／

B   Sure. はい ／ Go 行ってください two blocks 2ブロックを east 東に on this street, この通りを and そして turn right 右に曲がってください on Virginia Street バージニア通りを and そして go 行ってください one block. 1ブロック ／ It's それはあります on the corner 角に of Lenora Street and Virginia Street. レノーラ通りとバージニア通りの ／ It takes それはかかります a couple of minutes 2、3分 on foot. 徒歩で ／

A   Thank you very much. どうもありがとうございます ／ Do you know あなたは知っていますか？ when いつ the next one comes? 次のバスが来るのかを ／

B   In about fifteen minutes. およそ15分後です ／

A   Thank you. ありがとうございます ／ And just one more question. そして、もうひとつだけ質問があります ／ Do you know あなたはご存じですか？ where どこに the nearest washroom is? 一番近いお手洗いがあるかを ／

B   It's それはあります just behind the bus stop そのバス停のちょうど後ろに you're going to. あなたがこれから行こうとしている ／

A   Oh really? ああ、ほんとうですか？ ／ Thanks a lot. いろいろとどうもありがとうございます ／

2 スピーキングレッスン

間接疑問文（Indirect questions）

誰だって、Where どこに？ does he live? 彼は住んでいますか ／ Where どこに？ is my watch? 私の腕時計があるのは ／ などと疑問文をたて続けに突きつけられると、なんだか警察に尋問されているようで、いい気分ではありませんよね。そこで、間接疑問文を使って次のように表現してみましょう。

①Do you know あなたはご存じですか？ where どこに he 彼が lives? 住んでいるのか ／

②Do you know あなたはご存じですか？ where どこに my watch is? 私の時計があるのか ／

　間接疑問文のストラクチャーの特徴は、ひとつの文に主語と動詞が2つ入っていて、後ろに来る従属節は、疑問文であるのに肯定文の語順になるということです。これは、単純な疑問文を間接疑問文に置き換える過程を見ることで、簡単に理解できると思います。
　具体的にどのようになるかというと、たとえば、単純な疑問文である「彼はどこに住んでいますか？」Where does he live? を「彼がどこに住んでいるかご存じですか？」と間接疑問文にしてみると、単純に疑問文が2つあるような Do you know where does he live? とはならないということです。そうではなく、後に来る従属節が肯定文の語順になって、Do you know where he lives? となるのが正しいのです。

Do you know where he lives?

肯定文の語順になる！

Practice!

間接疑問文を使ったスピーキング練習をしましょう。

① 「いつご予約されたのかをおうかがいしてもよろしいですか？」

→ うかがってもよろしいですか？ → May I ask いつ → when あなたがしたのかを → you made この予約を → this reservation?

② 「その銀行がどこにあるのかを教えていただけますか？」

→ 教えていただけますか？ → Could you tell 私に → me どこに → where その銀行があるのかを → the bank is?

③ 「どちら様がおかけになっているのか、おうかがいしてもよろしいですか？」

→ うかがってもよろしいですか？ → May I ask どちら様が電話をおかけになっているのかを → who is calling, おねがいします → please?

④ 「いつ次の列車が来るのかご存じですか？」

→ あなたは知っていますか？ → Do you know いつ → when 次の列車が来るのかを → the next train comes?

⑤ 「その美術館への行き方をご存じですか？」

→ あなたは知っていますか？ → Do you know 行き方を → how to get その美術館への → to the art museum?

Lesson 7　間接疑問文

知っておくと役立つ、goとtoの関係！

go + ～ing 「～しに行く」の言い回し

①go shopping ②go dancing ③go driving ④go swimming ⑤go skiing ⑥ go scuba diving などは、すべて「～しに行く」という表現で、いろいろと応用が利きます。よく、goのあとにtoをつけて、go to shopping とする人がいますが、これは、間違いです。
こんな例文とともに覚えておくといいですよ！

①I went shopping in Odaiba.
②I went dancing at a night club last night.
③I went driving along the coast last week.
④I would like to go swimming this afternoon.
⑤We are going to go skiing next month.
⑥I met her when I went scuba diving in Cairns.

go に to がつかない表現
「場所」ではなく、「方向」に行くとき、goのあとにはtoがつきません。このストーリーでも、go upstairs（上の階へ行く）には、goのあとにtoがついていませんね！ go there（そこへ行く）、come here（ここへ来る）go uptown（住宅地区へ行く）go downtown（繁華街へ行く）なども覚えておきましょう。

the のつかない行き先
習慣的な行動によって行く場合には、theはつきません。drive to work／go to work／go to school／go to church などは、すべて日常の習慣、務めとして、毎日、毎週することがほぼ確実です。したがって、その行くという行動は、ただ単にその場所へ行くというのとはちょっと違うわけです。務めとして、いつものように、その場所へ行って、働いたり、勉強したり、することなのです。
たとえば、クリスチャンは毎週教会に行きますので、I go to church every Sunday. となります。しかし、「あなたがガイドブックで見せてくれた教会に行きます」という場合には、**I'm going to go** 私は行きます **to the church** その教会へ **that** その教会を **you showed** あなたは見せてくれた **me** 私に **in the guide book.** ガイドブックの中で／ となります。その教会は、あなたがいつも行っているのではなく、「観光で」行くのですから、theがつくというわけです！

Lesson 8

関係詞

A boy who can see and talk to dead people.

英語を話すことがとてもおもしろくなってくると、「英語で、長い文をすらすら言ってみたい」「いくつかのことをくっつけてどんどん話してみたい」という気持ちが自然とわき上がってくるのではないでしょうか？「だけど、どうしたらそうなれるのだろう？」という疑問を持つ人が多くなるのもこの頃です。くっつけるにしても、不定詞、接続詞、関係詞などいろいろあって、結構、混乱している人も多いのではないでしょうか？ そういう人は、まず、関係代名詞を使って、後ろにどんどんくっつけていくことをマスターしましょう。慣れてくれば、関係代名詞はとても使いやすく、便利なツールであるということがわかってくると思います。

ストーリーでは、映画を説明するのに、関係代名詞をたくさん使っています。

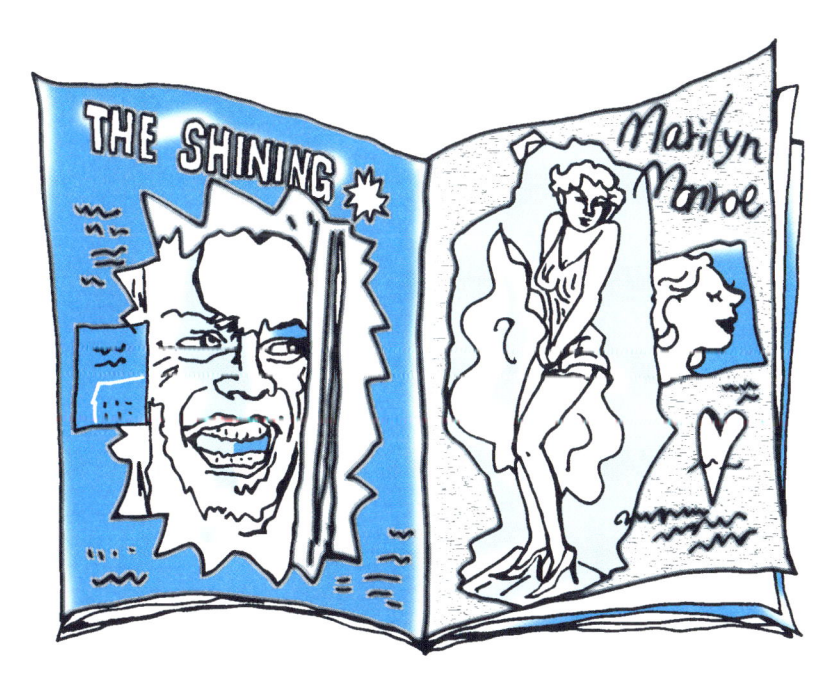

1 ストーリーリスニング

【登場人物】
A……… Katy
B……… Mary

A Have you finished あなたは終わりましたか？ your homework あなたの宿題を for the movie history class? 映画史のクラスの ／

B Yeah, ええ it was easy, それは簡単でした wasn't it? じゃなかったかしら？ ／

A Oh, really？ ええ、ほんとう？ ／ It wasn't easy それは簡単ではありませんでした for me. 私には ／ I'm not interested 私は興味を持っていません in movies 映画には so much. そんなには ／ Could you help 助けてもらえませんか？ me 私を with my homework? 私の宿題で ／

B Sure. いいわよ ／

A I need 私は必要です some brief definitions. いくつかの簡単な定義が ／

B All right. 了解 ／

A First of all. まず初めに ／ It's それは about Stanley Kubrik's movie スタンレイ・キューブリックの映画についてです called "The Shining". 「シャイニング」と呼ばれている ／

B OK. ああ ／ It's a horror movie. それはホラー映画です ／ It's それは about a guy 一人の男についてです who goes その男はなって crazy 狂人に and そして tries 試みるの to kill 殺すことを his wife and son. 彼の妻と息子を ／

A Oh, thanks! ああ、ありがとう！／ That's a perfect answer. それは完璧な解答だわ／ Then, それから the next one 次のは is about Marilyn Monroe. マリリン・モンローについてです／

B Marilyn Monroe was the movie star マリリン・モンローは映画スターです who starred in その人は主演を演じた the movie その映画で called "The Seven Year Itch", 「七年目の浮気」という題の and died そして死にました very young. とても若くして／

A How about "West Side Story"? 「ウェストサイドストーリー」はどう？／

B It's a musical movie それはミュージカル映画です that has そしてその映画は持っています wonderful songs すばらしい歌と and dances. 踊りを／

A The last one is "Sixth Sense". 最後のは「シックスセンス」です／

B It's a movie それは映画です about a boy ある少年についての who can see その少年は見ることができます and talk そして話せます to dead people, 死んだ人たちに and そして about a psychiatrist 一人の精神科の医者についての who was killed その人は殺された by his patient, 彼の患者によって but でも doesn't know 知らない he is dead. 彼が死んでいることを／

A Thank you so much. どうもありがとう／ I really appreciate 私はほんとに感謝しています your help. あなたの助けに／ By the way, ところで I know 私は知っています you know あなたが知っていることを a lot たくさん about movies. 映画について／ What 何ですか？ is your favorite movie? あなたの一番好きな映画は／

Lesson 8　関係詞

B Let me see. ええと／ My favorite movie is 私の一番好きな映画は "Children of a Lesser God". 「チルドレン・オブ・ア・レッサーゴッド」です／

A What 何？ is the movie about? その映画については（＝その映画はどんなお話ですか？）／

B It's それは about a teacher 一人の先生についてです who teaches そしてその人は教えます deaf people 耳の聞こえない人々に to talk. 話すことを／ It is also それはまた about a love story ラブストーリーについてです between the teacher and a woman その先生とある女性との間の who is deaf. そしてその女性は耳が聞こえません／

A Who is 誰がいますか？ in it? その中に（＝誰が出演していますか？ その映画に）／

B William Hurt and Marlee Matlin are in ウィリアム・ハートとマーリー・マトリンが出演しています it それに and Marlee Matlin won そしてマーリー・マトリンは受賞しました an Academy Award アカデミー賞を for Best Actress. 最優秀主演女優賞で／

A Wow! へえ！／ That sounds それは聞こえます interesting！おもしろそうに／

2 スピーキングレッスン

関係代名詞

　ある名詞や代名詞を先に言っておいて（これを先行詞といいます）、そのことについてあとから説明を加えていくのが、関係代名詞です。まさに英語独特の表現方法です。次のチャートを覚えておくと便利です。

Check this out!

先行詞	〜は（主格）	〜の（所有格）	〜を（目的格）
人	who / that	whose	whom / that
もの	which / that	whose	which / that

　「〜を」（目的格）の関係代名詞は、省略することが出来ます。that は、who、which、whom の代わりに使うことが出来ますが、継続用法（関係代名詞の直前にカンマ「,」が来る）のときは、代わりに that が使えません。

Lesson 8　関係詞

Practice!

関係代名詞を使ったスピーキング練習をしましょう！

who ／ that（Subject）を使って

① 「私たちがABC会社に働いていたときに、一緒に働いていた男の人を覚えていますか？」

→ あなたは覚えていますか？ → Do you remember　その男を → the guy　その人はかつて働いていました → who used to work　私たちと一緒に → with us　私たちが働いていたとき → when we worked　ABC会社に → for ABC company?

② 「あなたの奥様に話しかけているあの男の人が見えますか？」

→ あなたに見えますか？ → Can you see　その男が → the guy　そしてその男は話しています→that is talking　あなたの妻に → to your wife?

which ／ that（Subject）を使って

① 「あなたは、昨晩の大きな交通事故を目撃しましたか？」

→ あなたは見ましたか？ → Did you see　大きな交通事故を → the big traffic accident　そしてそれは起こりました → which happened　昨晩 → last night?

② 「彼は、屋上に大きな観覧車のある高層ビルを設計しました」

→ 彼は設計しました → He designed　その高層ビルを → the skyscraper　そしてそれは持っています → that has　大きな観覧車を → a big Ferris wheel　その屋上に → on its rooftop.

③「冷蔵庫の中にあったチーズはどうしたの？」

→ 何が起こったの？ → What happened　そのチーズに → to the cheese　そして、それはありました → that was　冷蔵庫の中に → in the refrigerator?

whom／that（Object）を使って

①「みんなが話している男の人は、彼です」

→ 彼はその男の人です → He is the man　（そしてその人を）→（whom／that）みんなが話している → everybody is talking about.

②「お探しのお子さんは、この子でしょうか？」

→ この子がその子ですか？ → Is this the child　（そしてその子を）→（whom／that）あなたが探している → you are looking for?

which／that（Object）を使って

①「これは私が探していた鍵です」

→ これは鍵です → This is the key　（そしてその鍵を）→（which／that）私は探していました → I was looking for.

②「昨日私が座ったソファーはとっても心地よかったよ」

→ そのソファーは → The sofa　（そしてそれに）→（that）私は座った → I sat in　昨日 → yesterday　とっても心地よかった → was really comfortable.

whose を使って

①「父親がレコードプロデューサーであるという男の人に私は会いました」

→ 私は会った → I met　男の人に → a man　そしてその人のお父さんはレコードプロデューサーです → whose father is a record producer.

Lesson 8　関係詞

② 「車が壊れた男の人の名前は何だっけ？」

➡ 何ですか？ → What's　その名前は → the name　その男の → of the man　その男の車は壊れた → whose car broke down?

whatを使って

① 「それは私が聞いたことです」

➡ それはそのことです → That is what　私が聞いた → I heard.

② 「これは君が望んでいるものかい？」

➡ これはそれですか？ → Is this what　あなたが望んでいる → you want?

whyを使って

① 「なぜ彼女がそこへ行ったのか、ご存じですか？」

➡ あなたは知っていますか？ → Do you know　(理由を) → (the reason)　なぜ → why　彼女が行ったのか → she went　そこへ → there?

② 「僕が今君に電話をしているのは、君を僕の誕生会に招待するためです」

➡ そのわけは → The reason　なぜ → why　私が電話をしているのは → I'm calling　あなたに → you　招待するためです → is to invite　あなたを → you　私の誕生会に → to my birthday party.

Lesson 9

不定詞・動名詞・過去分詞

I'd be glad to teach you how.

関 係詞（Lesson8）を使ってつけ足していく方法のほかにも、このLesson9の(A)～(D)の4つのストーリーで取り上げる不定詞や分詞、動名詞などを使って短く後につけ足していく方法があります。

たとえば、関係代名詞の後につけ足して、This is the bread これはパンです which was baked そのパンは焼かれました by his son. 彼の息子によって ／ と言うよりも過去分詞でつけ足して、This is the bread これはパンです baked 焼かれました by his son. 彼の息子によって ／ と表現するほうが一般的です。

また、I went 私は行きました to the store そのお店に to buy 買うために a present プレゼントを for my husband. 私の夫のために ／ という言い方のように、不定詞を使って、つけ足していくことができます。

This is the bread which was baked by his son.

と. するよりも

This is the bread baked by his son.

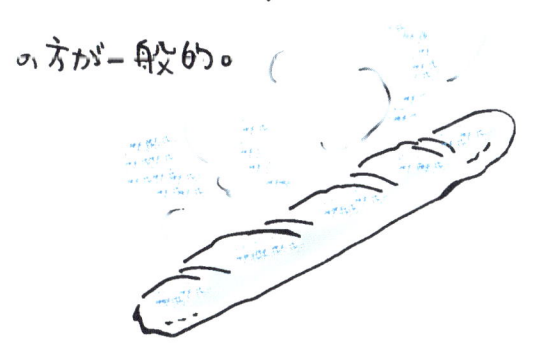

の方が一般的。

1 ストーリーリスニング

(A) Stop talking about business!

A You know, あのね I always tell 私はいつも言います my daughter 私の娘に to stop やめることを interrupting 邪魔をして割り込むことを people 人々に while they are talking. 彼らが話している間 ／ I think 私は思います that 次のことを interrupting 邪魔をして割り込むことは people 人々に is very rude. 大変失礼であると ／

B Oh, I agree ええ、私も同感です with you. あなたに ／ You know, あのね I always tell 私はいつも言います my husband 私の夫に to stop やめるように talking 話すことを about business ビジネスについて all the time. いつも ／ I think 私は思います listening 聞くことは to him 彼が talking 話しているのを about business ビジネスについて is very boring. とっても退屈です ／

(B) I'm glad to teach you how.

A How どうやって？ did you learn あなたは学びましたか to surf サーフィンをすることを so well? そんなにうまく ／

B Well, うーんと I started 僕は始めました surfing サーフィンをすることを when I was a high school student. 僕が高校生だったときに ／ I actually went 実は、僕は行きました surfing サーフィンに with my friends 友人たちと in Santa Barbara, サンタバーバラに and it was a very good experience. そしてそれはすごくいい経験でした ／

A I envy 私はうらやましく思うわ you. あなたのことが ／ I've never been surfing 私は一度もサーフィンに行ったことがない before. 今まで ／

B Well. それじゃ ／ I'd be glad 僕はうれしく思います to teach 教えることを you 君に how. どのようにするかを ／

A That sounds それは聞こえる awesome! すばらしく ／

(C) To buy new things unnecessarily 18-22

A You know, あのね I went 私は行きました to the appliance shop 電気屋さんへ to have してもらうために my CD player 私のCDプレイヤーを fixed, 直して and I found out そして私はわかりました that 次のことが it would be more expensive それはもっと高くつくだろうということが to have してもらうことが it それを fixed 直して than to buy 買うよりも a new one. 新しいものを ／

B Repairing often costs 修理することはしばしばお金がかかります more もっと than buying 買うよりも a new one, 新しいのを but だけど I don't know. 私にはわかんないわ ／ I mean 私が言っているのは I don't think 私は思わない it's a good idea それがいいアイデアだとは to buy 買うことが new things 新しいものを unnecessarily. 不必要に ／ Think of 考えてみてよ garbage, ごみのことを the environment 環境のことを and .... そして…… ／

A I know, 分かるわ there will be too much garbage そこには多すぎるゴミがあるでしょう in the future. 将来には ／ But だけど look at 見て this, これを isn't this cute? これってかわいくない？ ／ This is the one これがそれなの I bought 私が買った at the shop. そのお店で ／

B Oh, no! ああ、まあ！ ／ It really is cute! これは本当にかわいいわね！ ／

Lesson 9 不定詞・動名詞・過去分詞

(D) He wants to marry me, but... 23-27

Dear Alexandra;

Hello. こんにちは / How have you been? あなたはどのようにしていましたか？ / I haven't seen 私は会っていません you あなたに in ages. 長い間 / I hope 私は望んでいます you're doing あなたが過ごしているのを well! よく /

I have been thinking 私は考えています about my boyfriend, 私の彼のことを and そして I am very worried 私は今とても心配しています about what to do 何をしたらいいのかについて with him. 彼と / As you know, あなたも知っているように I have been dating 私はずっとつき合っています him 彼と for over a year 一年以上もの間 and I'm in love 私は愛しているの with him. 彼を / He is a very interesting guy, 彼はおもしろい男性よ and そして most of the time, たいていは he is also very caring. 彼はまたとても親切なの / However, けれども I sometimes think 私は時々思うの of leaving 離れることを him, 彼から because なぜなら he often goes out 彼はよく出かけるの drinking 飲みに with his co-workers 彼の同僚たちと and そして when he goes home, 彼が家に帰るとき he always calls 彼はいつも電話をかけるの me. 私に / That is good それはいいことだわ but, でも he always starts 彼はいつも始めるの quarreling 口論することを with me, 私と on the phone. 電話で / Actually, 実は he always spends 彼はいつも使うの a lot of money たくさんのお金を on alcohol. お酒に / You told あなたは言っていたわね me 私に I shouldn't give up 私はあきらめるべきではないと trying 試みることを to restore 修復することを the relationship その人間関係を with him 彼との when I talked 私が話したときに with you あなたと the last time, 前回 but だけど I don't know 私にはわからないわ if I can keep on seeing 私がつき合い続けられるかどうか him. 彼と / I don't think 私は思わないわ I can still enjoy 私が今でも楽しめるかどうか dating デートすることを him. 彼と / He says 彼は言っているの he wants to marry 彼は結婚

130

したいと me, 私と but でも I'm not sure. 私はわからないわ／ Many thanks. たくさんありがとう ／ Take care. 健康に気をつけて ／ I'm looking forward 私は楽しみにしています to hearing 聞くことを from you あなたから soon. すぐに／

Sincerely, 心から
Kelly ケリーより

2 スピーキングレッスン

Practice!

不定詞を使って後ろに意味をつけ足していく練習をしていきましょう。

① 「私の秘書は、私に4時までには戻ってくるようにと言いました」

→ 私の秘書は言った → My secretary told　私に → me　戻ってくるように → to come back　4時までには → by four.

② 「日焼けをするために私は浜辺に行きました」

→ 私は行きました → I went　海岸に to the beach　得るために → to get　(小麦色の)日焼けを → a suntan.

③ 「先週末、皮製のビジネスバッグと財布を買うためにバック屋さんに行きました」

→ 私は行きました → I went　バッグのお店に → to the bag shop　買うために → to buy　皮製のビジネスバッグと財布を → a leather business bag and a wallet　先週末に → last weekend.

④ 「次のプレゼンテーション用の文書を私たちに準備させるために、私の上司は電話をしてきました」

→ 私の上司は電話をしました → My boss called　私たちに → us　させるために → to have　私たちに → us　準備することを → prepare　その文書を → the document　次回のプレゼンテーションのために → for the next presentation.

⑤「あなたの名前をコンテストに登録するために、まず、これらのフォームに記入しなければなりません」

→ まず → First, あなたは記入しなければなりません → you have to fill in これらのフォームに → these forms 登録するために → to register あなたの名前を → your name コンテストに → for the contest.

⑥ 私の車を直してもらうために自動車の修理屋さんに行きました。

→ 私は行きました → I went 自動車の修理店に → to the car repair shop してもらうために → to have 私の車を → my car 直して → fixed.

⑦ 公園に犬の散歩に行くところです。

→ 私は行くところです → I'm going 公園に → to the park 犬の散歩に → to walk my dog.

何しに行くかは後ろにくっつけるんだよ

I'm going — to the park — to walk my dog

Lesson 9 不定詞・動名詞・過去分詞

Practice!

動名詞を使って後ろに意味をつけ足していく練習をしていきましょう。

① 「昨夜のダンスは楽しかった」

→ 私は楽しんだ → I enjoyed　ダンスをすることを → dancing　昨夜 → last night.

② 「先週エマが映画に行くことを提案したんだよ」

→ エマは提案した → Emma suggested　行くことを → going　映画に → to the movies　先週 → last week.

③ 「そのタイヤは、取り替えたほうがいいよ」

→ そのタイヤは必要がある → The tires need　取り替える → changing.

④ 「僕のガールフレンドに話しかけている男を知っているかい？」

→ 君は知っているかい？ → Do you know　その男を → the guy　話しかけている → talking　僕の彼女に → to my girl friend?

⑤ 「その事件を捜査している警察は、証拠を探している」

→ その警察は → The police　捜査をしている → investigating　その犯罪を → the crime　探している → are looking for　証拠を → evidence.

⑥ 「誰か彼女を待っている人はいませんか？」

→ いますか？ → Is there　誰か → anybody　待っている → waiting　彼女を → for her?

Practice!

過去分詞を使って後ろに意味をつけ足していく練習をしていきましょう。

① 「その事故で怪我をした女の子は、病院に運ばれました」

→ その少女は → The girl　傷つけられている → injured　その事故で → in the accident　運ばれた → was taken　病院に → to the hospital.

② 「彼らは、その強盗事件で盗まれたお金を見つけたかったのである」

→ 彼らは見つけたかった → They wanted to find　そのお金を → the money　盗まれた → stolen　その強盗事件で → in the robbery.

③ 「その美術館から盗まれた絵画はまだ見つかってない」

→ その絵画は → The paintings　盗まれた → stolen　その美術館から → from the art museum　見つかっていない → haven't been found　まだ → yet.

④ 「君の車の横に止めてあった変なバンを見たよ」

→ 私は見た → I saw　変なバンを → a weird van　止められていた → parked　君の車の隣に → next to your car.

⑤ 「この工場で作られる製品のほとんどがアメリカに輸出されている」

→ ほとんどは → Most　その製品の → of the products　作られた → made　この工場で → in this factory　輸出されている → are exported　アメリカへ → to the U.S.

知っておくと役立つ、will と be going to の使い分け

　Lesson 2でも学んだ未来形の復習です。間違えやすいので、ここでもう一度、確認してみましょう。

　willは、今「聞いて」または「知って」、「今から〜する」という場合と、「後でやっておくよ」という場合とに使われる未来形です。したがって、今現在、未来にすることに向けて準備しているようなことには、be going toを使います。

　少し練習してみましょう！

Ex1)
A: トニー！→Tony! ／ 片付けて→Clean up　散らかしたのを→the mess. ／
B: オーケー！→OK! ／ 私はそれをやっておきます→I'll do it　後で→later. ／

Ex2)
私は会います→I'm going to see　私の友達に→my friend　明日→tomorrow. ／

Ex3)
A: あなた、知っている？→Do you know　ジェフが入院しているのを→Jeff has been admitted　病院に→to the hospital? ／
B: いいえ、→No,　でも、私は訪ねてみます→but I'll visit　彼を→him　明日→tomorrow. ／

Ex4)
A: あなた、知っている？→Do you know　ケリーが持つのを→Kelly is going to have　パーティーを→a party　金曜日に→on Friday? ／
B: はい→Yes,　それで私は行くつもりです→and I'm going to go　そのパーティーに→to the party! ／

Lesson 10

テレフォン カンバセーション

Telephone Conversation

突然オフィスに、外国から電話がかかってきて慌てている人、また、仕事で、外国に電話をしなくてはならなくて困っている人をよく見かけます。確かに、電話では、相手の顔が見えない分、コミュニケーションが難しいのは確かでしょう。外国でも、電話での会話は、「相手のLipが見えない分、難しいよね」などと言っているのを聞いたことがあります。でも、それよりも、日本人の場合、英語での電話に緊張していることが多いのだと思います。

緊張してしまう一番大きな理由は、電話をかけて、または、受けて、初めにどう言えばよいのかが、わかっていないからだと思います。すべての会話に言えることですが、出鼻をくじかれるとなかなか回復できませんよね。

電話で英語を話す場合、日本語のように、初めに自分の名前や用件をあらかじめ言うような前置きはあまりありません。考えてみれば、電話という限られた状況の中で、相手が、忙しく時間もないのかもしれないときに、長い前置きをするのは、かえって邪魔だとは思いませんか？ ですから、まず、英語では、"Hello. May I speak to 〜?"「もしもし、〜さんをお願いします」と、いきなり話したい人を指定します。ここがうまくいけば、電話の会話は、とっても、うまくいきやすくなります。

そんな視点に立って、このDialogで実践してみてください。

1 ストーリーリスニング

●電話の基本表現

① May I ask who's calling?

A Hello. もしもし ／ May I speak お話ししてもよろしいですか？ to Mr. Robert Gibson, ロバート・ギブソン氏と please? お願いします ／

B Certainly, かしこまりました may I ask おうかがいしてもよろしいですか？ who's calling? どなたが電話をしているのかを ／

A This is こちらは Natalie Lewis. ナタリー・ルイスです ／

B Thank you. 有難うございます ／ Please お願いします hold そのままにして the line. 線を ／

② Speaking.

A May I speak お話してもよろしいですか？ to Mr. David Johnson, デーヴィッド・ジョンソン様と please? お願いします ／

B Speaking. （私が）話しています ／

A Hi, こんにちは this is Tracy. こちらはトレイシーです ／ How are you? 元気？ ／

B Fine, thanks, 元気だよ。ありがとう and you? 君は？ ／

A Fine. 元気よ ／ Listen, あのね、聞いて about our meeting 私たちのミーティングについてなんだけど tomorrow, 明日の I still can't get hold 私は、今だにつかまえることができないの of him. 彼を ／ I know 私は知っている you want to know あなたが知りたいのを about it それにつ

いて soon. すぐに ／ I'm trying, 私は努力しているわ and そして I will call 私は電話するわ back 折り返し as soon as I talk 私が話し次第 to him. 彼と ／

B　All right, thanks! わかったよ。ありがとう ／ Speak 話しましょう to you 君と soon. すぐに（→ じゃあまたね！）／

A　Talk 話しましょう to you あなたと soon! すぐに ／

③ Who's calling, please?

A　Hello. こんにちは ／ May I speak 話してもいいですか？ to Mr. Christian Reeves, クリスチャン・リーヴス氏と please? お願いします ／

B　Certainly, かしこまりました who's calling, どなたが電話をしているのですか？ please? お願いします ／

A　This is こちらは Alicia Ryan. アリシア・ライアンです ／

B　Just a moment, ほんの一瞬お待ちください please. お願いします ／

●電話をかけ直してもらう

① **Please call back in about an hour.**

A　Good afternoon. こんにちは ／ May I speak お話ししてもいいですか？ to Ms. Kathleen Baker, キャサリン・ベーカー様と please? お願いします ／

B　I'm sorry, 申し訳ございません she's just stepped out. 彼女は、ちょうど、ちょっと外出しました ／ Please お願いします call 電話をかけるのを back 折り返して in about an hour. 約1時間後に ／

② **I'm afraid he's out.** (2 34-38)

A　Hello. こんにちは ／ I'd like to speak 私は話したいのですが to Mr. Clark Scott, クラーク・スコット氏と please. お願いします ／

B　I'm afraid 申し訳ございません he's out. 彼は外出しています ／ Could you call 電話をしていただけませんか？ back 折り返し in 30 minutes? 30分後に ／

③ **Is Harrison Fonda there, please?**

A　Hello. こんにちは ／ Is Harrison Fonda ハリソン・フォンダ様はいらっしゃいますか？ there, そこに please? お願いします ／

B　I'm sorry, 申し訳ございません he is 彼はいます out 外に today. 今日は ／ Please お願いします call 電話してください back 折り返し tomorrow. 明日に ／

④ He's off today.

A　　Hello. こんにちは ／ May I speak お話ししてもいいですか？ to Mr. William Gilbert, ウィリアム・ギルバート氏と please? お願いします ／

B　　I'm sorry. 申し訳ございません ／ He's off 彼はオフです today. 本日は ／ Could you call 電話してもらえますか？ back 折り返し tomorrow? 明日 ／

⑤ When is he coming back?

A　　When いつ？ is he coming 彼は来ますか back? 戻って ／

B　　He'll be 彼はいるでしょう back 戻って in an hour. １時間後に ／

A　　I'll call 私は電話をします back 折り返し in about one and a half hours 約１時間半後に then. それでは ／

⑥ I'll call back at about four thirty then.

A　　When いつ？ is he coming 彼は来ますか back? 戻って ／

B　　He'll be 彼はいるでしょう back 戻って at around four o'clock. ４時頃に ／

A　　I'll call 私はかけます back 折り返し at about four thirty ４時半頃に then. それでは ／

Lesson 10　テレフォン カンバセーション

● 伝言をお願いする

① **May I take a message?**

A　Hello. こんにちは ／ Let me 私にさせてください speak 話すことを to Mr. Campbell Mills, キャンベル・ミルズ様と please. お願いします ／

B　I'm afraid, 申し訳ございません he is out. 彼は外にいます ／ May I take 取ってもいいですか？ a message? 伝言を ／

A　Yes, please. はい、お願いします ／ Please お願いします tell 言ってください him 彼に I'd be happy to see 私はお会いするのを楽しみにしています him 彼に tonight. 今晩 ／ 8:00 will be fine. 8時ならいいです ／

B　OK, 分かりました I'll tell 私は伝えておきます him. 彼に ／

② **May I leave a message?** (2 39-43)

A　Hello. こんにちは ／ May I speak お話ししてもいいですか？ to Ms. Michelle Ryan, ミシェル・ライアン様と please? お願いします ／

B　I'm sorry, 申し訳ございません she is 彼女はいます out. 外に ／

A　May I leave 残してもいいですか？ a message? 伝言を ／

B　Sure, はい go ahead. どうぞ ／

A　Tell 伝えてください her 彼女に I can't make it 私は都合がつかないと to dinner ディナーに tonight. 今晩 ／ I'll call 私は電話します her 彼女に tomorrow. 明日 ／

B   I'll give 私は渡します her 彼女に the message. その伝言を ／

will＝（後で）〜しておく

③ Sure, let me get a pen, please.

A   May I leave 残してもいいですか？ a message? 伝言を ／

B   Sure, はい let me 私にさせてください get 得ることを a pen, ペンを please. お願いします ／

④ Could you ask her to call me back?

A   Hello. こんにちは ／ May I speak 話してもいいですか？ to Ms. Marie Wood, マリー・ウッド様と please? お願いします ／

B   I'm sorry, 申し訳ございません she is 彼女はいます out. 外に ／

A   Could you ask 頼んでいただけませんか？ her 彼女に to call 電話をすることを me 私に back? 折り返し ／

B   Sure. はい ／ I'll tell 私は伝えておきます her. 彼女に ／

Lesson 10 テレフォン カンバセーション

⑤ **Could you tell her that I called?**

A   Hello. こんにちは ／ May I speak お話ししてもよろしいですか？ to Ms. Dorothy McBeal, ドロシー・マクビール様と please? お願いします ／

B   I'm sorry, 申し訳ございません she is 彼女はいます out. 外に ／

A   Could you tell 伝えていただけませんか？ her 彼女に that I called? 私が電話をしたことを ／

B   Sure. はい ／ I'll tell 私は伝えておきます her. 彼女に ／

● 話し中であることを伝える

① **He's on another line.**

A   Hello. こんにちは ／ May I speak お話してもいいですか？ to Mr. Paul Holden, ポール・ホールデン様と please? お願いします ／

B   I'm sorry. 申し訳ございません ／ He's on 彼はでています another line. 他の電話に ／ Could you call かけてもらってもいいですか？ back 折り返し later? あとで ／

● 電話が遠い・よく聞こえないとき

① I can't hear you well. Could you please repeat that?

A　Hello. こんにちは ／ May I speak お話ししてもいいですか？ to Ms. Linda Woodward, リンダ・ウッドウォード様と please? お願いします ／

B　Sorry, 申し訳ございません I can't hear 聞こえません you あなたを well. よくは ／ Could you please repeat 繰り返していただけませんか？ that? それを ／

② Could you speak a bit more slowly?

A　Could you speak お話しいただけませんか？ a bit more slowly? もう少しゆっくりと ／

B　I'm sorry. ごめんなさい ／ I'll speak 私は、話します more slowly. もっとゆっくりと ／

③ I can barely hear you. Could you speak up, please?

A　Hello. こんにちは ／ May I speak お話してもいいですか？ to Ms. Halle Cates, ハル・ケイツ様と please? お願いします ／

B　Sorry, 申し訳ございません I can barely hear よく聞こえません you. あなたを ／ Could you speak up, 大きい声で話していただけませんか？ please? お願いします ／

④ Could you spell that, please?

A　Hello. こんにちは ／ May I speak お話ししてもいいですか？ to Mr. Jimmy Wolf, ジミー・ウルフ様と please? お願いします ／

B　Certainly, かしこまりました may I ask おうかがいしてもよろしいですか? who's calling, どなたがお電話をしているのかを please? お願いします ／

A　This is こちらは Phoebe Dunaway. フィービー・ダナウェイです ／

B　I'm sorry. ごめんなさい ／ Could you spell 綴りを言っていただいてもいいですか that, それを please? お願いします ／

A　Sure. はい ／ It's P-H-O-E-B-E D-U-N-A-W-A-Y. それはP-H-O-E-B-E D-U-N-A-W-A-Yです ／

B　Thank you very much. どうもありがとう ／ Hold on, 切らずにお待ちください please. お願いします ／

● 間違い電話のとき

① I'm sorry, you have the wrong number.

A　Is Michael マイケルはいますか？ there? そこに ／

B　I'm sorry, すみませんが you have あなたは持っている the wrong number. 間違った番号を ／

A　Is this 3425-7212? こちらは3425-7212ですか？ ／

B　No, いいえ it's 5475-7212. こちらは5475-7212です ／

A　Oops! うっ！ ／ I'm very sorry. ごめんなさい ／

2 スピーキングレッスン

電話英会話の必須表現

電話の英語には、独特の表現方法があります。自信をもって使えるようになるために、練習していきましょう！

Practice!

電話でよく使う表現を練習してみましょう。

●電話の基本表現

① 「～様をお願いします」

Ex1) ➡ 私は話してもいいですか？ → May I speak　～様と → to ～,　お願いします → please?

Ex2) ➡ もしもし → Hello.　／ お話してもよろしいですか？ → May I speak　ジャック・リチャード氏と → to Mr. Jack Richard,　お願いします → please?

Ex3) ➡ お話してもよろしいですか？ → May I speak　デーヴィッド・ジョーンズ様と → to Mr. David Jones,　お願いします → please?

② 「どちら様でしょうか？」

Ex1) ➡ 私はおうかがいしてもよろしいですか？ → May I ask　どちら様がかけていらっしゃるのかを → who's calling,　お願いします → please?

Ex2) ➡ かしこまりました → Certainly,　おうかがいしてもよろしいですか？ → may I ask　どなたが電話をしているのかを → who's calling?

Lesson 10　テレフォン カンバセーション　147

③「そのままお待ちください」

Ex1)➡ お願いします → Please （切らずに）そのままにしてください → hold その線を → the line.

Ex2)➡ （電話を切らないで）お待ちいただけますか？ → Could you hold on?

Ex3)➡ （電話を）切らないでください → Don't hang up, つなぎますから → I'll connect あなたを → you.

④「私です」

Ex1)➡ （私が）話しています → Speaking.

Ex2)➡ それは私です → That's me.

Ex3)➡ それは私です → It's me.

That's me.／It's me. は、Speaking. （私が）話しています ／と同じシィチュエーションで使われる表現。

●電話をかけ直してもらう・折り返しかけるとき

「後ほどおかけ直しください」

Ex1)➡ お願いします → Please 電話をかけてください → call 折り返し → back 後で → later.

Ex2)➡ お願いします → Please 電話をかけてください → call 折り返し → back 約1時間後に → in about an hour.

「彼に折り返し電話させます」

➡ 私はさせます → I'll have 彼に → him 電話をかけることを → call あなたに → you 折り返し → back.

●伝言をお願いする

① 「何かご伝言は、ありますか？」

→ 取ってもいいですか？ → May I take　伝言を → a message?

② A：伝言をお願いできますか？
　 B：はい、どうぞ。

A1 → 残してもいいですか？ → May I leave　伝言を → a message?

A2 → 頼んでいただいてもいいですか？ → Could you ask　彼に → him　電話をするように → to call　私に → me　折り返し → back?

A3 → 伝えてください → Tell　彼女に → her　私は都合がつかないと → I can't make it　ディナーに → to dinner　今晩 → tonight.

A4 → 書きとっていただけませんか？ → Could you write　それを → it down, お願いします → please?

B → はい → Sure,　どうぞ → go ahead.

●話し中であることを伝える

「おそれいります。ほかの電話に出ておりますが」

→ おそれいります → I'm afraid,　彼は出ています → he's on　他の電話に → another line.

Lesson 10　テレフォン カンバセーション

●電話が遠い・よく聞こえないとき

「申し訳ございません。お電話が遠いのですが」

- Ex1)→ 申し訳ございません → Sorry, 私は聞こえません → I can't hear あなたを → you よくは → well.
- Ex2)→ 繰り返していただけませんか？ → Could you repeat それを → that, お願いします → please?
- Ex3)→ お話しいただけませんか？ → Could you please speak もう少しゆっくりと → a bit more slowly?
- Ex4)→ 申し訳ございません → Sorry, 私はほとんど聞くことができません → I can barely hear あなたを → you.
- Ex5)→ 大きい声で話していただけませんか？ → Could you speak up, お願いします → please?

●間違い電話のとき

「電話番号が違いますよ」

- → あなたは持っている → You have 間違った番号を → the wrong number.

「その名前の者はおりません」

- → A マイケルはいますか？ → Is Michael そこに → there お願いします → please?
- B ごめんなさい → I'm sorry, 誰もいません → nobody is ここには → here その名前では → by that name.

make itには、「間に合う」「都合がつく」「うまくやる」など、そのときに応じて日本語訳は変わってきますが、ニュアンスでつかんでおくとよい表現のひとつと言えるでしょう！
　そのmake itを使った、応答例です。

A：もし、11時の電車に乗れなかったら、今晩家には戻れません。

B：彼女にその旨、伝えておきます。

A ➡ もし、私が乗らなかったら → If I don't take　11時の電車に → the 11 o'clock train,　私はつけないでしょう → I won't be able to make it　家に → home　今夜 → tonight.

B1 ➡ 分かりました → OK,　私は伝えておきます → I'll tell　彼女に → her.

B2 ➡ 私は渡しておきます → I'll give　彼女に → her　その伝言を → the message.

Speak to you soon. ／Talk to you then. ／Speak to you tomorrow. ／Speak to you later. などは皆、日常会話の場合のSee you soon. ／See you then. ／See you tomorrow. ／See you later.などの電話バージョンです。しかし、電話を切ったあとに会うことがわかっているときは、See you later. See you at the party. などと言って、会話を締めくくります。このようなときは、Speak to you soon. などとは言いません。

Lesson 10　テレフォン カンバセーション

"Excuse me."「あの、ちょっとすみません」は、注意をひく表現

　海外のレストランで、食事をしていると、よく、ウェイターに「ソーリー」、「ソーリー」を連発している日本人を見かけます。何か、悪いことをしでかしたわけでもなさそうなのですが、よく見ると、片手に電子辞書を持っています。たぶん、「すみません」の訳が、"Sorry"と電子辞書で、最初に出てくるからでしょう。

　訳語が同じ「すみません」でも、"I'm sorry."と"Excuse me."とは、大きく意味が違います。たとえば、あなたが、両手にアイスクリームを持って、人込みの中の狭いところを、誰かの後ろを通り抜けていかなければならないとしましょう。

　このときに、①Excuse me, ちょっとすいません let me through. 私を通してください ／ と言って通るのと、②Oh, sorry. ごめんなさい ／ といって、通るのでは、ぜんぜん違います。

　どう違うのかと言うと、"Sorry"は、自分のしてしまった行為に対して、相手に迷惑をかけて、「ごめんなさい」と言うときの表現ですから、②は、誰かに間違ってアイスクリームをつけてしまって、"I'm very sorry."「大変申し訳ありません」と謝る場合や、自分が通るときに、誰かが移動して場所を空けてくれたり、迷惑をかけたりしたときなどにも使います。もちろん、誰かが場所を空けてくれたら、Thank you. ありがとう ／というのが自然です。

　①のように、"Excuse me."は、「ちょっと、すみません」と言うことで、相手の注意をひこうとしているわけです。

Lesson 11

レストランでの会話

At a Restaurant

🌊 外へ旅行や仕事などで行ったときの楽しみのひとつが、食事です。このレッスンでは、レストランの会話を通して、「メニューをいただけますか？」 "May we have menus, please?" などの①リクエストの表現（Requests）、「前菜はいかがですか？」 "Would you like an appetizer?" など、ウェイターが使うような②オファー表現、「あら、このサラダに、髪の毛が入っているわ」 "There's a hair in my salad." などの③クレームのつけ方（Making Complaints）を学んでいきましょう。また、その他のレストランでの会話に必要な表現、ボキャブラリーもスィチュエーションごとにマスターしていきましょう。

1 ストーリーリスニング

【1】 リクエスト・オファー表現

●レストランで

「禁煙席になさいますか?」

【場面①】

Waiter	Good evening. こんばんは／How many people 何人の人が？ (are there)（そこにいますか） in your party? あなたのグループに／
Customer	There are そこにはいます five people 5人が in my party. 私のグループに／
Waiter	Would you like あなたはお好みですか？ smoking 喫煙席を or または non-smoking? 禁煙席を／
Customer	Non-smoking, 禁煙席を please. お願いします／
Waiter	Certainly, かしこまりました come 来てください this way, この道を please. お願いします／ Please お願いします have ついてください a seat. 席に／

【場面②】

Customer A	We'd like 私たちは望みます a table テーブルを for two, 二人用を please. お願いします／
Waiter	Certainly, かしこまりました would you like あなた方はお望みですか？ smoking 喫煙席を or または non? 禁煙席を／

Customer B	Smoking section, 喫煙席を please. お願いします / Is it possible それは可能でしょうか？ to have つくことは a table テーブルに by the window? 窓のそばに /
Waiter	Of course, もちろんですとも follow ついてきてください me, 私に please. お願いします / Please お願いします be seated. 席についてください /

「メニューをいただけますか？」

Customer	May we have 持ってもいいですか？ menus, メニューを please. お願いします /
Waiter	Certainly, かしこまりました here you are. はいどうぞ /

「とりあえず、灰皿とマッチください」

【場面①】

Customer	In the meantime, とりあえず could you bring 持ってきていただけませんか？ me 私に an ashtray and some matches? 灰皿とマッチを /
Waiter	Sure, はい coming right back. すぐに戻ってまいります /

【場面②】

Customer	Excuse me, but すみませんが could I have 持ってもいいですか？ an ashtray, 灰皿を please? お願いします /
Waiter	Certainly, かしこまりました I'll be right back. 私はすぐに戻ります /

「ナイフを落としちゃったんですが…」

Customer — Excuse me, but すみませんが I dropped 私は落としました my knife, 私のナイフを may I have 私はいただいてもよいですか？ another one, もうひとつのナイフを please? お願い致します ／

Waiter — Of course, もちろんですとも I'll get 私が持ってまいります that それを for you あなたに right away. 今すぐに ／

「何がお勧めですか？」

Waitress — Are you ready 用意ができていますか？ to order? 注文をとる ／

Customer — No, いいえ we haven't decided 私たちは決めていません yet. まだ ／ What 何を？ do you recommend? あなたは勧めますか ／

「本日のお勧めのスープは何ですか？」

Waiter — Would you like お望みですか？ an appetizer? 前菜を ／

Customer — Yes. はい ／ What's 何ですか？ the soup スープは of the day? 本日の ／

Waiter — It's chicken. それはチキンです ／

Customer — That's fine. それはいいですね ／ I'd like 私は望みます the chicken soup, チキンスープを please. お願いします ／

Waiter — What 何を？ would you like あなたはお望みですか for a main course? メインコースに ／

Customer — I'd like 私は望みます the fish その魚のコースを with French-fries, フライドポテト付きの please. お願いします ／

156

「ご注文は、お決まりですか?」

Waitress　May I take 私はとってもいいですか？ your order? あなたのご注文を ／

Customer A　Yes, please. はい、お願いします ／ I'll have 私はいただきます a steak ステーキを with salad. サラダと一緒に ／

Customer B　I'll have 私はいただきます the spaghetti スパゲティーを with clam sauce. クラムソースの ／

Waitress　Have you decided あなたはお決まりですか？ on your order? あなたのご注文が ／

Customer C　I'd like 私は望みます a vegetarian pizza ヴェジタリアンピザを with a corn salad, コーンサラダと一緒に please. お願いします ／

Customer D　How big どのくらい大きいですか？ is the medium size pizza? ミディアムサイズのピザは ／ I mean, 私は意味しています how many people 何人の人に does the medium size pizza serve? そのミディアムサイズのピザは出せるのかを ／

Waitress　It serves それはお出しします two to three people. 二人から三人分に ／

Customer D　Oh, I see. なるほど ／

Waitress　Would you like あなたはお望みですか？ a salad? サラダを ／

Customer D　Yes, I would. はい、望みます ／ Does the salad come サラダは来ますか？ with the pizza? ピザと一緒に ／

Waitress　No, it doesn't. いいえ、それは来ません ／ It's extra. それは、追加です ／

Lesson 11　レストランでの会話

Waitress	Would you like あなたはお望みですか？ anything 何かを to drink? 飲むための ／
Customer A	Yes, please. はい、お願いします ／ I'll have 私はいただきます a beer. ビールを ／
Customer B	I'll have 私はいただきます a glass 1グラスを of orange juice. オレンジジュースの ／
Customer C	I'll have 私はいただきます a glass 1グラスを of white wine. 白ワインの ／
Customer D	I'll have 私はいただきます a pot 1ポットを of tea. 紅茶の ／

「パンをもう少しいただけますか?」

Customer	Excuse me, but すみませんが is it possible それは可能ですか？ to have いただくことは some more bread, いくらかもっとパンを please? お願いします ／
Waiter	Sure, はい I'll bring 私が持ってきます it それを for you あなたに soon. すぐに ／

「お会計をお願いします」

【場面①】

Customer	That was a wonderful meal. それは、すばらしい食事でした ／
Waiter	Thank you very much, どうもありがとうございます ma'am. お客様 ／ Would you like あなたはお望みでしょうか？ some dessert? デザートを ／

158

Customer	No, いいえ thank you. ありがとう ／ May I have 私はいただいてもよろしいですか？ the check, お勘定書を please? お願いします ／

【場面②】

Customer	Excuse me. すいません ／ May I have 私はいただいてもよろしいですか？ the bill, お勘定書を please? お願いします ／

「デザートはどうなさいますか？」

【場面①】

Customer	That was a delicious meal. それは、おいしい食事でした ／
Waiter	Thank you very much, どうもありがとうございます ma'am. お客様 ／ Would you like あなたはお望みでしょうか？ some dessert? デザートを ／
Customer	Yes, please. はい、お願いします ／ I think 私は思います I'll have 私はいただこうかと the pie a-la-mode. そのパイアラモードを ／

【場面②】

Customer	That was a delicious meal. それは、おいしい食事でした
Waiter	Thank you very much, どうもありがとうございます sir. お客様 ／ Would you like あなたはお望みでしょうか？ some dessert? デザートを ／
Customer	No, いいえ thank you. ありがとう ／ I'll have 私はいただきます a cup of coffee, 1杯のコーヒーを please. おねがいします ／

Lesson 11　レストランでの会話

「アメリカンエクスプレスは使えますか？」

Waiter	**Will that be cash or charge?** それ（御会計）は現金になさいますか、それともクレジットになさいますか？／
Customer	**Do you take** そちらは、受け付けますか？ **American Express?** アメリカンエクスプレスを／
Waiter	**Yes, of course,** はい、もちろんですとも **we do.** 私たちは、受け付けます／

「トラヴェラーズチェックは使えますか？」

Waiter	**Will that be cash, check or charge?** それ（御会計）は現金、チェック（小切手や、トラヴェラーズチェックなど）になさいますか、それともクレジットになさいますか？／
Customer	**Do you accept** そちらは、受け付けますか？ **traveler's checks?** トラヴェラーズチェックを／
Waiter	**Yes, we do.** はい、受け付けます／ **May I see** 私は見てもいいですか？ **your passport,** あなたのパスポートを **please?** お願いします／

「領収書をお願いできますか？」

Waiter	**Will that be cash or charge?** それは現金になさいますか、それともクレジットになさいますか？／
Customer	**Cash, please.** 現金でお願いします／

Waiter	Yes. はい ／ That'll be それはなります thirty seven dollars and 55 cents 37ドルと55セントに with tax, 税込みで please. お願いします ／
Customer	Could I have 私はいただけますか? the receipt, 領収書を please? お願いします ／
Waiter	Yes, of course. はい、もちろんです ／ Here you are. はい、どうぞ ／ Thank you. ありがとうございます ／ Please come お越しください again. また ／

●ファストフードレストランで

「ツナサンドをお願いします」

Waitress	Can I help 私は助けられますか？ you? あなたを（→いらっしゃませ）／
Customer	A tuna sandwich, ツナサンドを please. お願いします ／
Waitress	OK. はい ／ There you go. はいどうぞ ／ Anything 何か？ else? ほかに ／
Customer	Yes. はい ／ An ice cream cone, アイスクリームコーンを please. お願いします ／ Chocolate. チョコレートで ／
Waitress	That's six dollars. お勘定は6ドルです ／
Customer	Here you go. はいどうぞ ／
Waitress	Thank you. ありがとうございます Have a nice day! よい1日を（→決まり文句）／

Lesson 11 レストランでの会話

"Can I help you?"（Can I help わたしは助けられますか？ you? あなたを）／ "May I help you?"（May I help 私はお助けしてもよろしいでしょうか？ you?" あなたを）は、ともに日本語の「いらっしゃいませ」に相当する表現ですが、"Can I help you?" はカジュアルな表現で、"May I help you?" のほうがより丁寧です。

それでは、"Could you bring me ～？" と "Could I have ～？" は、どちらが丁寧でしょうか？ 英語では、通常より婉曲的な表現、ほのめかした表現（implication）が丁寧であるとされています。通常、ダイレクトであればあるほど丁寧ではなくなります。したがって、Could I have ～？のほうが、ダイレクトでない分、より丁寧です。

【2】 クレームのつけ方

●レストランで

「私のサラダ、持ってくるの忘れていると思うんだけど」

Customer	**Excuse me.** すいません ／ **Could you come** あなたは来ていただけませんか？ **here** こちらに **for a minute,** ちょっとの間 **please?** お願いします ／
Waiter	**Yes.** はい ／ **What** 何を？ **can I do** 私はすることができますか **for you?** あなたに ／
Customer	**I think** 私は思います **you forgot** あなたは忘れたと **to bring** 持ってくるのを **my salad.** 私のサラダを ／
Waiter	**Oh, I'm sorry.** ああ、ごめんなさい ／ **I'll be right back.** 私はすぐに戻ります ／

「サラダに髪の毛が入っていたのですが…」
【場面①】

Customer	**Excuse me,** ちょっと、すみません **there's** そこにはあります **a hair** 髪の毛が **in my salad.** 私のサラダの中に ／ **Could you replace** 取り替えていただけますか？ **it,** それを **please?** お願いします ／

Waiter	Oh, I'm sorry. ああ、ごめんなさい ／ I'll be right back. 私はすぐに戻ります ／

【場面②】

Customer	Excuse me, すみません I found 私は見つけました a hair 髪の毛を on my plate. 私のお皿に ／ Could I have いただけますか？ another one, 別のものを please? おねがいします ／
Waiter	Oh, I'm sorry. ああ、ごめんなさい ／ I'll bring 私は持ってきます a new one 新しいものを for you あなたに right away. 今すぐに ／

「料理はまだですか？」

【場面①】

Customer	Excuse me, すみません I asked for 私は注文しました my meal 私の食事を about an hour ago, 約１時間前に and そして it hasn't come それは来ていません yet. まだ ／ When いつ？ will it be ready? それは用意ができますか ／
Waiter	I'm very sorry, まことに申し訳ございません sir. お客様 ／ I'll bring 私は持ってきます it それを for you あなたに as soon as I can. 私ができるだけ ／

【場面②】

Customer	Excuse me, すみません I ordered 私は注文しました my meal 私の食事を over an hour ago, １時間よりも前に and そして it hasn't come それは来ていません yet. まだ ／ When いつ？ will it come? それは来ますか ／

Lesson 11　レストランでの会話

| Waiter | I'm sorry, まことに申し訳ございません ma'am. お客様 ／ It's being cooked, それは料理中です so それで it will take それはかかるでしょう just たったの a few more minutes. あと2、3分／ |

ストーリーの中で、注意しておくべきところを挙げました。

①会計時の決まり文句
Waiterが会計のときに言う、"Will that be cash or charge?"（会計は現金になさいますか、それともクレジットになさいますか？）のcashはもちろん「現金」のことです。chargeは、「後で請求（チャージ）する」というのが、もともとの意味ですから、この場合は、「クレジットカードで支払う」ということを意味します。

②フルコース
日本ではよく、Frenchのフルコースなどという言い方をしますが、英語では、three course mealやfour course dinnerなどといった言い方をします。すなわち、英語でいうコースとは、appetizer（前菜）、entree（アントレー。アメリカでは、メインのことを言う）、main course（メインコース）などそれぞれが、1コースという意味になります。

③クレーム
日本語でよく、「クレームをつける」と言いますが、英語の"claim"は自分の権利を「請求する」という意味で、"claim"には、「文句」とか「苦情」の意味はありません。「文句を言う」「苦情を言う」は、"complain"または、"make a complaint"と言うのが正しい英語です。

2 スピーキングレッスン

【1】 注文をとる表現

レストランで、注文をとる言い方は、大体、次の3パターンです。覚えておくと、緊張せずにすみますね。

Check this out!

注文をとる表現を確認しておきましょう。

「ご注文はお決まりですか?」

Ex1)➡ とってもいいですか? → May I take　あなたの注文を → your order?

Ex2)➡ あなたは用意ができていますか? → Are you ready　注文をとる → to order?

Ex3)➡ あなたはお決まりですか? → Have you decided　あなたのご注文が → on your order?

【2】 オファー表現

「お飲み物はいかがですか?」や「サラダは、どうなさいますか?」など、追加の注文を促す表現も覚えておきみましょう。

Check this out!

オファーの仕方・表現を確認しておきましょう。

Would you like ~? 「~をお望みですか?」

① あなたはお望みですか? → Would you like　何かを → anything　飲むための → to drink?

② あなたはお望みですか? → Would you like　サラダを → a salad?

③ あなたはお望みですか? → Would you like　前菜を → an appetizer?

④ 何を？ → What　あなたはお望みですか → would you like　メインコースに → for a main course?

⑤ あなたはお望みですか？ → Would you care for　いくらかのお茶を → some tea?

care for は、like（好む）という意味です。誰かを家に招いたときにも応用できる言い方ですね。

【3】 リクエスト表現：頼むときの言い方

リクエスト表現は、レストランをはじめ、さまざまな場所で使える表現です。

Practice!

リクエストの仕方を練習してみましょう。

① May I ~ ?「~してもいいですか？」

「メニューをいただけますか？」

→ 持ってもいいですか？ → May we have　メニューを → menus,　お願いします → please?

② I'd like ~ .「~したいのですが」

「ヴェジタリアンピザをお願いします」

→ 私は望みます → I'd like　ヴェジタリアンピザを → a vegetarian pizza,　お願いします → please.

③ Is it possible to ~ ?「~していただくことはできますか？」
（控えめでとても丁寧）

「窓際の席をお願いできますか？」

→ 可能でしょうか？ → Is it possible　つくことは → to have　テーブルに → a table　窓際の → by the window?

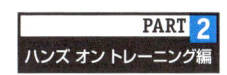

④ **Could I ~?**「~することはできますか？」

「灰皿をいただけますか？」

→ すみませんが → Excuse me, but　いただけますか？ → could I have　灰皿を → an ashtray,　お願いします → please?

【4】「ファストフードレストラン」や「タクシー」で使うシンプルなリクエスト表現

　一番シンプルで、一番大切なリクエスト表現 "Please"（お願いします）を忘れないように。ここで、"~, please."（お願いします）だけで行うシンプルなリクエストの仕方を練習することにより、型にとらわれない自由な会話の基礎を身につけましょう。「これでも十分いける」という意識が、あなたの実践的な会話力を伸ばします。これは、主に、「ファストフードレストラン」や「タクシー」で使われます。でも、アメリカ人の多くは、ファストフードレストランで、"Can I have...?" と、ちゃんとセンテンスで言っています。

①ファストフード店で：「ハンバーガーをひとつください」

→ ハンバーガーを → A hamburger,　お願いします → please.

②タクシーで：「カーネギーホールまでお願いします」

→ カーネギーホールまで → To Carnegie Hall,　お願いします → please.

Lesson 11　レストランでの会話

【5】 リクエストに対する丁寧な受け答え

　Requestsに対する応答は、Certainly.（かしこまりました）が最も一般的ですが、次のような表現も覚えておくと表現に幅がでてきます。

Check this out!

リクエストに対する丁寧な受け答えを確認しておきましょう。

① Certainly. かしこまりました ／

② Of course, もちろんですとも would you like あなたはお望みですか？ a drink? お飲み物を ／

③ Certainly, かしこまりました here you are. はいどうぞ ／

④ Sure, はい coming right back. すぐに戻ってまいります ／

⑤ Certainly, かしこまりました I'll be right back. 私はすぐに戻ります ／

⑥ Sure, はい I'll bring 私が持ってきます it それを for you あなたに soon. すぐに ／

⑦ Of course, もちろんですとも I'll get 私が持ってまいります that それを for you あなたに right away. 今すぐに ／

⑧ You bet. もちろんです ／

【6】 クレームの言い方をマスター（Making Complaints）

リクエスト表現は、レストランをはじめ、さまざまな場所で使える表現です。

Practice!

①**Excuse me.**「ちょっとすみません」

Excuse me.で、注意をひきつけてから、状況を説明して、どうしてもらいたいのかを冷静に伝えるのがポイントです。

「ちょっとすみませんが、こちらへ来ていただけませんか？」

→ ちょっと、すみません → Excuse me. ／ 来ていただけませんか？ → Could you come　こちらへ → here　ちょっとの間 → for a minute,　お願いします → please? ／

「ちょっと、すみませんが、取り替えていただけますか？」

→ ちょっと、すみません → Excuse me. ／ 取り替えていただけますか？ → Could you replace　それを → it,　お願いします → please? ／

「ちょっと、すみませんが、お皿にハエがいるので、取り替えてください」

→ ちょっと、すみません、→ Excuse me,　私は見つけました → I found　ハエを → a fly　私のお皿に → on my plate. ／ いただけますか？ → Could I have　別のを → another one,　お願いします → please? ／

「ちょっと、すみません。30分前に注文しましたが、まだ来ていません。いつできますか？」

→ ちょっと、すみません → Excuse me,　私は注文しました → I asked for　私の食事を → my meal　約30分前に → about half an hour ago,　そして → and　それは来てません → it hasn't come　まだ → yet. ／ いつ？ → When　それは用意ができますか → will it be ready? ／

「注文する」は、"ask for" "order" のどちらでもOKです。

Lesson 11　レストランでの会話

②**I think〜**「思うのですが」

　100％の確信がないとき、断定口調より、少しやわらかく言いたいときには、"I think〜"をつけるといいでしょう。

「私のフライドポテトを持ってくるのを忘れていると思うのですが」

➡ 私は、思うのですが → I think　あなたは忘れたと → you forgot　持ってくるのを → to bring　私のフライドポテトを → my French fries.

Lesson 12

旅行に役立つ、ホテルとショッピングの会話

Travel English

ショッピングによく使われるI'll take it！（それを、買います）やMay I help you?（いらっしゃいませ）I'm just looking.（ただ見ているだけです）などの表現と会話の流れをマスターしていきましょう。

また、"I'd like to make a reservation…"（予約をしたいのですが…）など、ホテルでの大切な会話表現もあります。新笠原メソッドで、自然体で、話せるようになるまで練習してみてください。

1 ストーリーリスニング

●ショッピング Shopping

「ただ見ているだけです」

Shop assistant	**May I help** 助けてもいいですか？ **you?** あなたを （→いらっしゃいませ）／
Customer	**No thank you.** いいえ。結構です／ **I'm just browsing.** 私はただ見ているだけです／
Shop assistant	**Please** どうぞ **take** お取りください **your time.** あなたの時間を（→ごゆっくりどうぞ）／ **Just call** ただ呼んでください **if you need** あなたが必要なら **help.** 助けを／

「ワンピースはどこにありますか？」

Shop assistant	**May I help** 助けてもいいですか？ **you?** あなたを （→いらっしゃいませ）／
Customer	**Yes, please.** はい、お願いします／ **Where** どこに？ **are your summer dresses?** あなた方のワンピースはありますか／
Shop assistant	**Right** すぐ **over there** そこの向こうです **ma'am.** お客様／ **They're** それらはあります **next** となりに **to the dressing rooms.** 更衣室の／ **Come** 来てください **this way,** この道を **please.** お願いします／

172

「イヴニングドレスを探しているのですが…」

Customer Hello. こんにちは ／ I'm looking for 私は探しています an evening dress. イヴニングドレスを ／ Do you have あなたがたは持っていますか？ anything 何かを in red? 赤い ／

Shop assistant Yes, we do. はい、私たちは持っています ／ How's this? これはどうですか？ ／

Customer Oh, that's awesome! わぁ、それはすばらしい ／

「試着をしてもいいですか？」

Customer I really like 私は、とても好きです this one. これが ／ May I try 試着してもいいですか？ it on? それを ／

Shop assistant Yes, of course. はい、もちろんです ／ The dressing rooms are 試着室はあります right すぐに over there. そこの向こうに ／

「サイズはいかがですか？」

【場面①】

Shop assistant How どのように？ does it fit? それは、フィットしますか ／

Customer Hold on そのままお待ちください a minute, ほんの少し ／ I'm still dressing. 私はまだ着替え中です ／

Shop assistant No hurry. 急がなくて結構です ／ Please お願いします take 取ってください your time. あなたの時間を ／

【場面②】 65-69

Shop assistant	How どのように？ does it fit? それは、フィットしますか／
Customer	It's too tight それは、きつすぎます and そして too small. 小さすぎます／
Shop assistant	Hmm, yes. うーん、そうですね／ Perhaps たぶん we should try 私たちは試してみましょう one size larger. 1サイズ、より大きいのを／
Shop assistant	How どのように？ does it fit? それは、フィットしますか／
Customer	It's a little bit too loose それは少しゆるすぎます and そして too big. 大きすぎます／
Shop assistant	No problem. 大丈夫ですよ／ We can take 私たちはつめられますよ it それを in 内側に for you. あなた用に／

「サイズ直しはできますか？」

Customer	The sleeves are a little too long. 袖が少し長すぎます／ Can you do できますか？ alterations? 直しが／
Shop assistant	Yes, はい we can. 出来ます／ It will take それはかかります about a week. 約1週間／
Customer	But, ですが I'm leaving 私は出発します tomorrow. 明日／
Shop assistant	No problem. 問題ありません／ Please お願いします give ください us 私どもに your name and address, あなたの名前と住所を and そうすれば we'll send 私たちは送ります it それを by air mail. 航空便で／

174

「これをいただきます」

Shop assistant　How どのように？ does it fit? それはフィットしますか／

Customer　It fits それはフィットします well. よく／ This is nice. これはいいです／ I like 私は好きです it. それが／ I'll take 私はいただきます it! それを／

Shop assistant　Thank you very much どうもありがとうございます ma'am. お客様／ And そして would you like to see ご覧になりますか？ anything 何かを else 他に today? 本日は／

Customer　No, thanks. いいえ、結構です／

●旅行　Travel

「ニューヨークに行こう！」

A　We are going to go 私たちは行きます on a trip 旅行に tomorrow. 明日 ／ I'm excited 私は興奮しています about it. それについて ／

B　Yeah, ええ we are going to take a trip 私たちは旅行をします to New York. ニューヨークへ ／ I'm really looking forward 私はとっても楽しみにしています to it. それを ／

A　But, だけど wait a moment. ちょっと待って ／ We haven't booked 私たちは予約していません a hotel ホテルを yet. まだ ／

B　That's right. そうだわ ／ We already booked 私たちはすでに予約しています the flight 飛行機を to New York. ニューヨークまでの ／

A　Yeah, そうだけど、 but that's it. だけど、それだけよ ／

B　We have to make a reservation 私たちは予約しなくてはなりません right now. 今すぐ ／

C　Let me 私にさせて call 電話することを now. 今 ／

「部屋を予約したいのですが…」

【場面①】　☎

A　　　　　Do you have あなたは持っていますか？ a room 部屋を available 可能な tomorrow night? 明日の晩 ／

Hotel clerk　I'm afraid, 申し訳ございません there are そこにはあります no available rooms ゼロの（宿泊）可能な部屋が tomorrow night. 明日の晩 ／

【場面②】 ☎

A: Do you have あなたは持っていますか？ any vacancies どんな空きでも tomorrow night? 明日の晩に ／

Hotel receptionist: I'm sorry, 申し訳ございません、 there aren't any vacancies どんな空きもございません tomorrow night. 明日の晩は ／

【場面③】 ☎

A: Do you have あなたは持っていますか？ a twin room ツインルームを1つ available （宿泊）可能な for tomorrow night? 明日の晩 ／

Hotel clerk: I'm sorry, 申し訳ございません、 we are all booked up 全て予約で取られています Friday the 22nd. 金曜日、22日は ／

―――

A: Oh, gosh! いや、参ったわ ／ I called 私は電話しました three hotels, 3つのホテルを and そして they are all booked up! それらは全て予約が取られていたの ／

B: Let me 私にやらせて call 電話をすることを now! 今 ／

Lesson 12　旅行に役立つ、ホテルとショッピングの会話

B	**Hello.** もしもし ／ **I'd like to reserve** 予約をしたいのですが **a room** 一部屋を **from Friday the 22nd to** 金曜日、22日から **Tuesday the 26th.** 火曜日、26日まで ／
Hotel clerk	**Certainly.** かしこまりました ／ **Would you like** お望みですか？ **a single** シングルを **or** または **a double?** ダブルを ／
B	**I'd like** 私は希望します **a twin room,** ツインルームを **please.** お願いします ／
Hotel clerk	**Certainly.** かしこまりました。／ **May I have** 持ってもよろしいですか？ **your name,** あなたのお名前を **please?** お願いします ／
B	**My name is Nelson. (The name is Nelson.)** 私の名前はネルソンです

A	**Wow!** わあ！ **You're a genius!** あなたは天才よ！

「チェックインが遅れそうなので、予約を押さえておいてください」

A	**Oh, look** 見て！ **at the board!** ボードを ／ **Our flight is going to be delayed.** 私たちの便は遅れているよ ／
B	**I think** 私は思います **we should call** 私たちは電話をするべきよ **the hotel** ホテルに **just in case.** 万一に備えて ／

A	**We'll be checking in** 私たちはチェックインします **very late.** とても遅くに ／ **Please** お願いします **hold** 押さえておくことを **our reservation** 私たちの予約を **for tonight.** 今晩の ／
Hotel clerk	**OK.** オーケーです ／ **What time** 何時に？ **will you be arriving?** あなたは着きますか ／
A	**We will probably be arriving** 私たちは多分着くでしょう **at seven p.m.** 7時に ／

「チェックアウトの時間は何時ですか？」

A	**Wow!** わあ！ ／ **This is fantastic!** これは凄い！ ／ **What a nice hotel.** なんていいホテルなんだろう！ ／
B	**Yeah, it is!** うん、そうだね！ ／ **Exactly!** まさにその通りだね！ ／
A	**Excuse me,** すみませんが、 **when is** いつですか？ **the check-out time?** チェックアウトの時間は ／
Hotel clerk	**Check-out time is 11 o'clock,** チェックアウトの時間は11時です、 **and** そして **check-in is after one p.m.** チェックインは午後1時以降です ／
A	**Oh, thanks!** はい、ありがとう！ ／

「もし会えなかったら、ホテルのロビーで呼び出して！」

A　　　Before dinner, 夕食の前に I'm going to go 私は行きたいのです to the meeting. 会議に ／ I'll come back 私は戻ってきます by five. 5時までに ／

B　　　If you can't meet もし、あなたが会えなかったら me, 私に please page 呼び出してください me 私を in the hotel lobby. ホテルのロビーで ／

A　　　Sure. 分かった ／ I'll do 私はします that. そのように ／

「友人を呼び出していただけませんか？」

A　　　Excuse me. すみません ／ I'd like to have 私はして欲しいのですが my friend 私の友人を paged. 呼び出して ／ Could you page 呼び出してもらえませんか？ my friend? 私の友人を ／

Hotel clerk　　OK. わかりました ／ May I have 持ってもよろしいですか？ your friend's name? あなたの友人のお名前を ／ And then... そしてそれから where どこで？ would you like to meet あなたはお会いになりたいですか her? 彼女に ／

「明日の朝、6時にモーニングコールをお願いします」

A　　We have to get up 私たちは起きなくてはなりません very early とても早く tomorrow morning 明日の朝 for the bus tour. バスツアーのために／I'll call 電話をします the front desk. フロントに／

B　　Oh, ああ that sounds それご聞こえます like a good idea. よいアイデアに／Could you do してもらえますか？ that? それを／

──☎

A　　Could you give いただけますか？ me 私に a wake-up call モーニングコールを at 6 o'clock 6時に tomorrow morning? 明日の朝／

Front desk　　Sure. はい／We'll give 私たちは差し上げます you あなたに a wake-up call モーニングコールを at 6 o'clock 6時に tomorrow morning. 明日の朝／

「タクシーを呼んでください」

A　　Excuse me, すいません could you call 呼んでもらえますか？ us 私たちに a cab, タクシーを please? お願いします／

Hotel clerk　　Sure. はい／Just a second, 少しお待ちください、 please. お願いします／

2 スピーキングレッスン

　日本語の「いらっしゃいませ」を英語では、May I help you? と言うなど、ショッピングの英語は、決まり文句であることが多く、そのまま直訳して、英語に置き換えることの出来ないことが多いのですが、そのような場面で、どのような意味で言っているのかを考えていけば、案外簡単です。

　したがって、決まり文句を覚えようとするより、どのように考えて言っているのかを考えていくことが、ショッピングをスムーズに運ぶ鍵となります。

　たとえば、May I help you?は、「お手伝いをさせていただいてもよろしいでしょうか？」という意味ですから、日本語の「いらっしゃいませ」のような、ただのあいさつとは、違います。この場合、日本語と違って、返答が必要になってくるのです。だから、外国では、お店に行くと、Hello! How are you? などと、普通にあいさつをしてから、買い物をすることが多いのです。何を買うのか、まだ決めてなかったら、No, いいえ thank you. 有難う ／I'm just looking. 私はただ見ているだけです ／というべきですし、もし、もうすでに、探しているものがあるのなら、Yes, please. はい、お願いします ／I'm looking for 私は探しています a pair of shoes. 一足の靴を ／などと話は続いていくわけです。

　このように、ショッピングや旅行、ホテルでの会話では、いきなり英語の語順で考えていくのが少し難しい場合がありますが、いつでも使えるように練習しましょう。

Practice!

ショッピングに必要な表現を練習してみましょう。

① 「いらっしゃいませ」

➡ お手伝いしてもいいですか？ → May I help あなたを → you?

② 「いいえ結構です」

➡ No, thank you.

③ 「ただ見ているだけです」

➡ I'm just browsing. ＝ I'm just looking.

④「ごゆっくりどうぞ」

➡ どうぞ → Please　お取りください → take　あなたの時間を → your time.

⑤「ワンピースはどこにありますか？」（お店の中で）

➡ どこに？ → Where　あなた方のワンピースはありますか → are your summer dresses?

⑥「こちらへどうぞ」

➡ 来てください → Come　この道を → this way,　お願いします → please.

⑦「ウェディングドレスを探しているのですが…」

➡ 私は探しています → I'm looking for　ウェディングドレスを → a wedding gown.

英語では、長くて、フワフワしていて、フォーマルなときに着るドレスの事をgownと言います。イブニングドレスもフォーマルなものは、an evening gownと言います。したがって、日本人が結婚式に着るウェディングドレスは、英語ではa wedding gownと言います。

⑧「緑色のものはありますか？」

➡ あなたは持っていますか？ → Do you have　何かを → anything　グリーンの → in green?

⑨「これなんかはどうですか？」

➡ How's this?

⑩「試着してもいいですか？」

➡ （私は）試してもいいですか？ → May I try　それを → it on?

Lesson 12　旅行に役立つ、ホテルとショッピングの会話

⑪「試着室はどこですか？」

→ どこに？ → Where　試着室があるのは → is the dressing room?

「試着室」は、a dressing room または、a fitting room と言います。

⑫ A：サイズは合いますか？　B：きつ過ぎるし、小さすぎます。

A→　どのように？ → How　それは、フィットしますか → does it fit?

B→　それは、きつすぎます → It's too tight　そして → and　小さすぎます → too small.

⑬「もう1サイズ大きいのを試着しましょう」

→ 私たちは試着すべきです → We should try　1サイズ大きいのを → one size larger.

⑭「少しゆるすぎるし、大きすぎます」

→ それは少しゆるすぎます → It's a little bit too loose　そして → and　大きすぎます → too big.

⑮「ぶかぶかです」

→ それは、ぶかぶかすぎます → It's too baggy.

⑯「着替え中なので、少し待ってください」

→ 待ってください → Hold on　少し → a minute.　私はまだ着替え中です → I'm still dressing.

⑰「お客様のサイズに合わせてつめることが出来ますよ」

→ 私たちはつめることが出来ます → We can take　それを → it in　あなたのために → for you.

⑱「袖が長すぎます」

→ これらの袖は少し長すぎます → These sleeves are a little too long.

⑲「サイズ直しは出来ますか？」

→ あなた方はすることが出来ますか？ → Can you do　サイズを変えることを → alterations?

⑳「それでは、袖をこのくらいつめてください。それと、ズボンですが、丈を1インチぐらいつめてください」

→ それでは、→ OK...　短くしてください → shorten　袖を → the sleeves　このぐらい → by about this much.　そして、ズボンですが、→ And the pants　短くしてください → shorten　それらを → them　1インチぐらい → about an inch.

洋服の袖は2つあるので、sleeves と複数形扱いです。また、ズボンも、pants といつも複数形です。ズボン1本は、a pair of pants となります。

㉑「時間はどのくらいかかりますか？」

→ どのくらい長く？ → How long　それはかかりますか → will it take　それをするのに → to do that?

㉒「1週間くらいかかります」

→ それはかかります → It will take　約1週間 → about a week.

Lesson 12　旅行に役立つ、ホテルとショッピングの会話

㉓「いつ、出発するのですか？」

➡ いつ？ → When あなたは出発しますか → are you leaving?

㉔「２週間後に出発します」

➡ 私は出発します → I'm leaving ２週間後に → in two weeks.

㉕「これ、買います」

➡ 私はいただきます → I'll take それを → it.

㉖「他に、何かご覧になりますか？」

➡ お望みですか？ → Would you like 見ることを → to see 何か → anything 他に → else?

Practice!

旅行・ホテルで必要な表現を練習してみましょう。

① 「私たちはカナダへ、旅行をします」

➡ 私たちは旅行します → We're going to take a trip カナダへ → to Canada.

② 「来週旅行に発つ予定です」

➡ 私たちは行くつもりです → We are going to go 旅行に → on a trip 来週 → next week.

③ 「あなたからの便りを楽しみにしています」

➡ 私たちは楽しみにしています → I'm looking forward 便りがあるのを → to hearing あなたから → from you すぐに → soon.

④ 「あなたの誕生会に行くのをとても楽しみにしています」

→ 私はとても楽しみにしています → I am excited　行くことを → about going あなたの誕生パーティーに → to your birthday party.

⑤ 「ニューヨーク行きの便は予約した？」

→ あなたは予約しましたか？ → Have you booked　航空便を → the flight　ニューヨーク行きの → to New York?

⑥ 「今すぐに、予約をしなければいけません」

→ 私たちはしないとなりません → We have to make　予約を → a reservation 今すぐに → right now.

⑦ 「予約はありますか？」

→ あなたは持っていますか？ → Do you have　予約を → a reservation?

⑧ 「予約をしましたか？」

→ あなたはしましたか？ → Did you make　予約を → a reservation?

⑨ A：「明日の晩、空いているお部屋はありますか？」
　 B：「申し訳ございませんが、明日の晩は空いているお部屋がございません」

A → あなたはお持ちですか？ → Do you have　お部屋を → a room　可能な → available　明晩 → tomorrow night?

B → 申し訳ございません → I'm afraid,　そこには全然可能な部屋がありません → there are no available rooms　明日の晩は → tomorrow night.

Lesson 12　旅行に役立つ、ホテルとショッピングの会話

⑩ A：「明晩、空き部屋はございますか？」
　B：「申し訳ございませんが、明日の晩は全然空きがございません」

　A ➡ あなたはございますか？ → Do you have　いくらか空きが → any vacancies　明日の晩に → tomorrow night?

　B ➡ 申し訳ございません → I'm sorry,　そこにはありません → there aren't　どんな空きも → any vacancies　明日の晩は → tomorrow night.

⑪ A：「来週の火曜日の晩、ツインの部屋は、空いていますか？」
　B：「申し訳ございません。来週の火曜日は全て予約が入っております」

　A ➡ あなたはございますか？ → Do you have　ツインルームが → a twin room　可能な → available　来週の火曜日の晩に → for next Tuesday night?

　B ➡ 申し訳ございません → I'm sorry,　私たちは全て予約されています → we are all booked up　来週の火曜日は → next Tuesday.

⑫ A：「15日、火曜日から21日、月曜日まで部屋を予約したいんですが」
　B：「かしこまりました。シングルとダブル、どちらがよろしいですか？」
　A：「ツインルームをお願いします」

　A ➡ 私は予約を望みます → I'd like to reserve　お部屋を → a room　15日、火曜日から21日、月曜日まで → from Tuesday the 15th to Monday the 21st.

　B ➡ かしこまりました → Certainly.　お望みですか？ → Would you like　シングルかダブルを → a single or a double?

　A ➡ 私は望みます → I'd like　ツインの部屋を → a twin room,　お願いします → please.

⑬「お名前をお願いできますか？」

→ 持ってもよろしいですか？ → May I have　あなたのお名前を → your name, お願いします → please?

⑭「そのお部屋は、私の名前で取ってあります」

→ そのお部屋は予約されています → The room is reserved　私の名前で → under my name.

⑮「飛行機が遅れました」

→ その飛行機（航空便）が遅れました → The flight was delayed.

⑯「何時に到着しますか？」

→ 何時に？ → What time　あなたは到着しますか → will you be arriving?

⑰「チェックアウトは何時ですか？」

→ いつですか？ → When　チェックアウトの時間は → is the check-out time?

⑱「7時までには戻ってきます」

→ 私は戻って来ます → I'll come back　7時までには → by seven.

⑲「友達を呼び出してもらえませんか？」

→ 呼び出していただけますか？ → Could you page　私の友人を → my friend?

⑳「お呼び出しです。ジェニファー・ファーガソン様。ロビー入り口で、お友達がお待ちです」

➡ お呼び出しです。ジェニファー・ファーガソン様、お呼び出しです。ジェニファー・ファーガソン様、 → Paging Ms. Jennifer Ferguson, paging Ms. Jennifer Ferguson, あなたのお友達が待っています → your friend is waiting ロビー入り口にて → in the front lobby.

㉑「明日の朝、モーニングコールをお願いできますか？」

➡ いただけますか？ → Could you give 私に → me モーニングコールを → a wake-up call ６時に → at six o'clock 明日の朝 → tomorrow morning?

㉒「タクシーを呼んでいただけますか？」

➡ 呼んでいただけますか？ → Could you call 私たちに → us タクシーを → a cab, お願いします → please?

著者紹介

笠原禎一（かさはら・よしかず）MBA

國學院大學 文学部を卒業後、ハートフォード大学大学院修士課程終了、MBA (Master of Business Administration) を取得。

株式会社バートおよび、『笠原メソッド』講座を展開する、バートランゲージスクール®を主催。外国人教師による英会話教育、TOEIC®TEST・TOEFL®TESTの指導、海外留学指導を行う。2002年より、Hawaii Pacific University（ハワイ・パシフィック大学）の日本代表、2005年6月より、Queensland University of Technology（クイーンズランド工科大学）のインターナショナル・レプレゼンタティヴを務める。2005年6月、バイリンガル専門の人材紹介事業、バート・ジョブサーチを設立。セミナー通訳、技術翻訳もこなす。

「笠原メソッド」を使用した『高速メソッド®』シリーズ著作には、本書のほか、『英語高速メソッド®日常英会話集 Vol.1』『英語高速メソッド®日常英会話集 Vol.2』『英語高速メソッド®ビジネス英会話集』（以上、新星出版社）、『英会話高速メソッド®』『TOEIC®高速メソッド®リスニング』『TOEIC®高速メソッド®リーディング』『英会話高速メソッド®外国人と語り合える英会話』（以上、宝島社）がある。

そのほか、「笠原メソッド」を使用した『620点突破 今日からはじめるTOEIC®TEST』（1997年4月、新星出版社）、『困ったときの英会話CDシリーズ』（1997年10月、キングレコード）を執筆・監修。2000年には、毎日新聞社の"Mainichi Weekly"のTOEIC®TEST講座である"TOEIC®MAGIC"を1年間にわたって執筆。

なお、韓国の出版社、『東桃苑』、台湾の『凱信出版事業有限公司』より、『英語高速メソッド®』の外国出版が決まっています。

本書の「笠原メソッド」は、"Method and Apparatus for Rapid Language Acquisition"としてオーストラリアで特許取得、登録されています（Pat.#2003200507）。また、「高速メソッド®」は、日本の特許庁より商標登録を取得しています（第5232913）。

著者の主催するバートランゲージスクール®の
ホームページアドレス：www.bart-jp.com

CD2枚付き 英語高速メソッド®

2005年6月25日 初版発行
2011年3月25日 第42刷発行

著　者　笠　原　禎　一
発行者　富　永　靖　弘
印刷所　公和印刷株式会社

発行所　東京都台東区　株式
　　　　台東4丁目7　会社　新星出版社
〒110-0016 ☎03(3831)0743 振替00140-1-72233
URL http://www.shin-sei.co.jp/

©Yoshikazu Kasahara　　　　　　　Printed in Japan

ISBN978-4-405-01104-5

★新星出版社
国家試験・資格試験シリーズ

宅地建物取引主任者 ポイントレッスン	短期集中！ 調理師試験合格問題集
ｅｃｏ検定 ポイントレッスン	短期集中！ 保育士試験合格問題集
インテリアコーディネーター ポイントレッスン	絶対決める！ 介護福祉士完成問題集
乙種第4類危険物取扱者 ポイントレッスン	絶対決める！ 福祉住環境コーディネーター2級完成問題集
第2種電気工事士 ポイントレッスン	絶対決める！ 1級土木施工管理技術検定試験完全攻略問題集
調理師試験 ポイントレッスン	絶対決める！ 2級土木施工管理技術検定試験完全攻略問題集
秘書検定準1級 ポイントレッスン	絶対決める！ 1級建築施工管理技術検定試験完全攻略問題集
秘書検定2級 ポイントレッスン	絶対決める！ 2級建築施工管理技術検定試験完全攻略問題集
秘書検定3級 ポイントレッスン	絶対決める！ 甲種危険物取扱者完全攻略問題集
簿記検定3級試験 ポイントレッスン	絶対決める！ 毒物劇物取扱者完全攻略問題集
行政書士試験 ポイントレッスン	情報処理技術者試験 ITパスポート完全合格教本
総合旅行業務取扱管理者 ポイントレッスン	この1冊で決める!! 秘書検定2・3級合格教本
国内旅行業務取扱管理者 ポイントレッスン	図解でわかる 電験3種公式完全攻略
4級アマチュア無線 ポイントレッスン	ホームヘルパーハンドブック
電験3種 ポイントレッスン	スラスラ覚える 宅建合格ゼミ
保育士試験 ポイントレッスン	乙種第4類危険物取扱者合格教本
二級建築士 ポイントレッスン	色彩検定2級 ポイントレッスン
福祉住環境コーディネーター2・3級 ポイントレッスン	色彩検定3級 ポイントレッスン
ケアマネジャー ポイントレッスン	数学検定 合格問題集 準2級、3級、4級、5級
介護福祉士試験 ポイントレッスン	CD付 英検合格！問題集シリーズ 準1級、2級、準2級、3級、4級、5級
毒物劇物取扱者 ポイントレッスン	英検 2週間完成問題集シリーズ 準2級、3級、4級
気象予報士試験 ポイントレッスン	出る順 漢字検定 一問一答シリーズ 2級、準2級、3級、4級、5級、6級
乙種全類危険物取扱者 ポイントレッスン	頻出度順 漢字検定合格！問題集 1級、準1級、2級、準2級、3級、4級、5級、6級、7・8級